ISBN 978-94-015-1415-6   ISBN 978-94-015-2525-1 (eBook)
DOI 10.1007/978-94-015-2525-1

INHOUD

Aan onze lezers   Blz.   I

DR. C. W. MÖNNICH, Enige Grondlijnen van Abélard's
theologie. (vervolg)   ,,   1

A. HALLEMA, Toen het Bestand ten einde liep. Moeilijkheden van ex- en interne aard voor de Hervormde Kerk
in West - Brabant rond 1620   ,, 12

W. A. POORT, Grenswachter Ludovicus   ,, 40

Boekaankondiging   ,, 51

Bericht   ,, 62

AAN ONZE LEZERS

Met ingang van dit 42ste deel van het N.A.v.K.G. mogen wij tot onze grote vreugde op de omslag, aan die van de oude, de namen van twee nieuwe redactie-leden toevoegen: die van Prof. Dr. C. C. de Bruin, hoogleraar in de geschiedenis van het Christendom en van de leerstellingen van de Christelijke godsdienst gedurende de Middeleeuwen aan de Rijks-Universiteit te Leiden, en van Prof. Dr. W. F. Dankbaar, hoogleraar in dezelfde vakken aan de Rijks-Universiteit te Groningen.

Dr. De Bruin, geb. 1905, studeerde aan de Rijks-Universiteit te Utrecht en promoveerde aldaar in 1934 op een proefschrift „Middelnederlandse vertalingen van het Nieuwe Testament" in de faculteit der Letteren en Wijsbegeerte. Terwijl hij verbonden was als docent aan verschillende scholen van Middelbaar en Voorbereidend Hoger Onderwijs publiceerde hij achtereenvolgens „De Statenbijbel en zijn voorgangers" (1937), „Middelnederlands geestelijk proza" (1940), en „De Middelnederlandse vertalingen van Thomas à Kempis' De Imitatione Christi" (1954). Zich bewegende op het grensgebied tussen litteratuur en kerkgeschiedenis, heeft hij het accent meer en meer naar laatstgenoemd terrein verlegd. In 1956 aanvaardde hij zijn Leids professoraat met een oratie getiteld: Middeleeuws „verlicht" Christendom.

Dr. W. F. Dankbaar, geb. 1907, studeerde in de theologie aan de Rijks-Universiteiten te Utrecht en te Leiden, en promoveerde aan laatstgenoemde in 1941 op een proefschrift „De sacramentsleer van Calvijn". Achtereen volgens diende hij de Ned. Hervormde Kerk als predikant in een drietal gemeenten en trad hij, sedert 1946, op als zendings-secretaris te Oegstgeest. In dit jaar verscheen van hem „Hoogtepunten uit het Nederlandsche Calvinisme in de zestiende eeuw", gevolgd door „De tegenwoordigheid van Christus in het Avondmaal" (1950) en door een uitgave met inleiding van Marten Micron's „De Christlicke ordinanciën" (1956), als deel VII van de Kerkhistorische Studiën, behorende bij dit „Archief". Daarnaast publiceerde hij verschillende artikelen op kerk- en dogmenhistorisch gebied, waaronder in het „Archief", dl XXXVIII (1952): „De kerkvisitatie in de Ned. Geref. Kerk in de 16de en 17de eeuw''. In 1953 aanvaardde hij het professoraat te Groningen met een oratie ,,De jonge kerken en de kerkgeschiedenis''.

Ondergetekenden vertrouwen, dat beide geleerden een belangrijke plaats zullen innemen in de redactie van het ,,Archief'', en dat zij er zeer veel toe zullen bijdragen zijn goede wetenschappelijke naam te handhaven en te versterken.

Leiden, Groningen, Utrecht

J. N. Bakhuizen van den Brink.
J. Lindeboom.
M. van Rhijn.

ENIGE GRONDLIJNEN VAN ABÉLARD'S THEOLOGIE

DOOR

DR. C. W. MÖNNICH

Vervolg

Het is hier de plaats, aan Abélard's leer van de Heilige Geest enige aandacht te schenken. De H. Geest drukt Gods liefde uit, hoorden wij al; door de H. Geest wordt onze wederliefde wakker. In zijn 5e Sermoen, over de reiniging van Maria, spreekt Abélard daarover. ,,Opdat dan Christus ons waarachtige onschuldigen zou maken, heeft Hij noodzaak in wil, vrees in liefde verkeerd. Deze liefde heeft Hij hierdoor zeer groot gemaakt en tot volkomenheid geleid, dat Hij de last der Wet op zich heeft willen nemen, waarvan Hij ons kwam bevrijden; daardoor is Hij voor ons genadiger geweest dan voor zichzelf. Daarom heet het nu terecht: ,,onder de Wet geworden" is Hij, die aan de wet niet schuldig was, opdat Hij van de slavernij der wet zou verlossen hen die Hij tot zonen Gods zou adopteren. Immers zelf is Hij alleen de Eniggeborene Gods, van nature Zoon en een van wezen met de Vader, wiens allerhoogste goedheid aangenomen broeders zocht toen Hij geen eigen broeders kon hebben; en niet wilde Hij als enige het erfdeel des Vaders hebben, Hij, die zich mede-erfgenamen heeft geschapen. Hoe heeft God nu deze adoptie van zonen tot stand gebracht? Na het zenden van de Zoon voegt de apostel er de zending van de H. Geest aan toe: opdat de Vader niets zou hebben, een van wezen met Hem, wat Hij ons door de genade niet zou willen schenken, heeft Hij zowel Zijn eigen Zoon als de H. Geest naar ons gezonden ... De Vader zond eerst Zijn Zoon, d.w.z. de wijsheid, van gelijke eeuwigheid met Hem, wiens leer ons moest onderrichten waarin de som des heils zou bestaan. ... Hij heeft ook de H. Geest gezonden, d.w.z. Hij heeft ons de kuise liefde tot Hem ingestort, waardoor wij Hem oprecht kunnen beminnen om Hemzelf, en in Hem niet zozeer ons voordeel als wel Zijn heerlijkheid en eer zoeken. Deze Geest is door de Zoon zelf als de Zijne gegeven ... Deze liefde doet ons vrijwillig volvoeren wat de Zoon onderricht heeft en neemt ons daardoor tot zonen aan, die Hij niet als knechten in toom houdt door angst voor straf" [1]). Ook in de Theologia Christiana IV spreekt hij op soortgelijke wijze [2]).

Het is niet nodig, deze gedachtengangen nader uit te werken. Belangrijk voor ons is het dat wij zien, hoe inderdaad de bevestiging van de liefde niet een daad van de mens is, maar van de H. Geest. Terwijl in de Christologie Abélard op het eerste gezicht althans een vrij vlakke psychologische interpretatie geeft van de ratio der menswording en van de verzoening, blijkt daar waar men eerder spiritualisme zou verwachten: in de leer van de Heilige Geest, een sterke nadruk te vallen op het werk van Gods zijde. Vandaar dat hij ook vasthoudt aan de noodzaak van de Doop, zij het dat het effect daarvan beschrijft als de kwijtschelding van de straf der erfzonde, en niet als de vergevende handeling Gods ten aanzien van de erfzonde zelf: die wordt, zagen wij, vergeven door de gewekte liefde. Maar die liefde zelf, hoe sterk psychologisch gezien (en stond Abélard daarbij zo ver van bepaalde Augustinische gedachtengangen af?), vindt haar grond in de electie en het werk van de H. Geest. Men mag Abélard een bedenkelijk psychologiserend theoloog noemen, maar een spiritualist pur sang is hij bepaald niet.

Van hier uit nu doen wij goed, een terugblik te werpen op Abélard's Christologie. Stellig: van satisfactie is geen sprake (maar het mag betwijfeld worden of ook bij Anselmus de satisfactie wel het laatste woord in de verzoeningsleer is). Het ,,volledig mens" dat Abélard sterk laat gelden, zozeer zelfs (onder de indruk van de onveranderlijkheid Gods) dat hij tot Nestorianisme neigt, betekent niet de eenheid van het priester-offer met de mensheid; maar het geldt meer het voorbeeld – al heeft hij toch ook het juk der wet op zich genomen (kenmerkend trouwens, dat Abélard wel van het juk, maar niet van de vloek der wet spreekt). Men kan voorts in het algemeen niet zeggen, dat Vader en Zoon-als-mensgewordene als toorn en overwinning van de toorn tegenover elkander treden; Christus is de onverhulde openbaring der liefde van God, het kruis geen verberging van het heil in de verlorenheid, maar de kroon op het werk der liefde. Daarbij mag diep indrukwekkend heten dat Abélard in grote stoutmoedigheid en zeer consequent het leven van Jezus als één geheel opvat, en het niet – wat bij Anselmus stellig het geval is – alleen ziet als een voorbereiding op het eigenlijk dat leven waar-

---

[1]) Sermo V, Cousin I, 396 = ML 423A–D.
[2]) Cousin II, 516 = ML 1279BC.

devol makende sterven. Dat noopte hem theologisch, de functie van
de H. Geest veel sterker te accentueren dan Anselmus doet. Daardoor kon het door Bernard van Clairvaux wel uitgesproken verwijt
gemaakt worden, dat Christus voor Abélard alleen een voorbeeld is.
Gerechtvaardigd is het verwijt maar zeer ten dele, ondanks de schijn
van het tegendeel. Men bespeurt dat in de leer van Christus' verdienste. Zo tekent Abélard bij Rom. 5, 19 aan: ,,(de gevolgen van
Adam's zonde en Christus' werk) zijn niet gelijk in wat tot hun na-
komelingen wordt doorgegeven, en door Christus wordt aan het na-
geslacht door Christus ten heil meer doorgegeven dan door Adam
tot verderf; en terecht, want het paste meer aan de goddelijke gerechtigheid of liefde, dat zij door Christus meer ten nutte was dan
door Adam schaadde . . . Want God is veel meer bereid om goeds te
geven dan om kwaad toe te rekenen. D.w.z. zo door de zonde van
een, nl. Adam . . . velen gestorven zijn, d.w.z. verdoemd, als niet-
gedoopte kleine kinderen, die om geen andere reden verloren gaan,
hoeveel te meer moest voor velen, niet alleen tot één mens . . . de genade Gods overvloedig zijn, en de gave tot de genade van Christus,
d.w.z. door Gods gaven voor de mens in Hem gesteld, uit wiens vol-
heid wij allen ontvangen hebben en die door Zijn verdiensten voor
ons verkreeg wat wij aan goeds hebben, en niet is zoals door één
mens, namelijk Adam, (de zonde) aan ons overging, aldus ook de
gave: de gave ging door één mens, namelijk Christus, op ons over,
ja, vele gaven op velen'' [1]).

Abélard verstaat dit overgaan der gaven als gevolg van de plaatsvervanging: niet van de satisfactie. De plaatsvervanging is de eigenlijke verdienste van Christus; niet Zijn werken zelf, maar Zijn bestaan, Zijn leven dat liefde was constitueert Zijn verdienste. Hier nu
wordt Abélard's stelling, dat de zonde in niets anders dan de wil
schuilt, vruchtbaar. In het 34e hoofdstuk van de Epitome vinden
wij daaromtrent zeer belangrijke gedachten. ,,Zoals dan alle zonde
alleen in de wil bestaat, zo ook de verdienste. Verdienste nu is niets
anders dan wat wij verdienen door een goede wil, d.w.z. het eeuwige
leven . . . Verdienste heet ook de goede wil zelf'' [2]). Dat wordt op de
martelaren, en daarna op Christus toegepast; en hier wordt het betoog zeer belangwekkend: ,,Evenzo zeggen wij van de martelaren
dat niet de uiterlijke martelwerktuigen hen beter maakten, maar zij

---

[1]) Cousin II, 234 sq = ML 863AB.
[2]) Cousin II, 588 = ML 1754C.

toonden dat zij dezulken waren die Christus liefhadden. Zo ook leren wij terecht van Christus, dat Hij, toen Hij tot het lijden werd geleid en aan het kruis werd genageld, niet meer verdienste had dan
Hij al bij de conceptie zelf bezat. En ook toen was Zijn liefde niet
groter dan Hij van Zijn kindsheid af bezeten had, want ook toen had
Hij God van ganser harte lief. Zo bestaat dus in de wil, niet in de
werken, die goeden en kwaden gemeenschappelijk doen, alle verdienste" [1]).

Hier nadert nu Abélard toch weer Anselmus; ook voor laatstgenoemde is het niet het offer zelf, maar de vrijwilligheid van het
offer, waarop de verdienste van Christus berusten. En in dit verband blijkt ook de justificatie meer te zijn dan een psychologisch
proces; bij Rom. 5,9b ,,door Hem zullen wij veilig zijn voor de toorn''
noteert Abélard: ,,Hem, namelijk Christus door eenmaal(het ἐφάπαξ
van Rom 6,10) voor ons te sterven en vaak te bidden en voortdurend
ons te onderrichten'' [2]).

Dat wordt duidelijker nog naar aanleiding van Rom. 5,19. ,,...
God heeft bij de incarnatie van Zijn Zoon ook dit voor zich bewerkt,
dat niet alleen het erbarmen, maar ook de gerechtigheid door Hem de
zondaars te hulp kwam, en Zijn gerechtigheid aanvulde wat door
onze zonden belet werd. Want toen God Zijn Zoon mens deed zijn,
heeft Hij Hem gesteld onder de Wet die Hij gemeenschappelijk aan
alle mensen gegeven had. Deze mens moest dus naar goddelijk gebod
zijn naaste liefhebben als zichzelf, en jegens ons de genade van Zijn
liefde laten gelden, zowel door ons te onderrichten als door voor ons
te bidden. Naar goddelijk voorschrift werd Hij dus verplicht voor
ons, en vooral voor hen die Hem om Zijn liefde aanhingen te bidden,
gelijk Hij in het Evangelie zeer vaak de Vader bidt (interpellat) voor
de Zijnen. Zijn hoge gerechtigheid echter vereiste dat Zijn gebed in
geen enkel opzicht een weigering kon verdragen, want de met Hem
verenigde Godheid liet Hem niets toe te doen dan wat Hij behoorde
te willen of te doen'' [3]).

God kan de rechtvaardige niet weigeren, zijn voorbede in te wil-
ligen. Inderdaad speelt bij nader toezien de voorbede van Christus
een grote rol in het verzoeningswerk; maar de voorbede is de taak
van de middelaar, de priester, de plaatsbekleder. Zo kan Abélard

---

[1]) Cousin II, 589 = ML 1755A.
[2]) Cousin II, 233 = ML 861A.
[3]) Cousin II, 237 = ML 865C.

vervolgen: „De mens, geworden onder de wet zelf van de liefde tot
de naaste, wordt gedwongen om hen die onder de wet waren en door
de wet niet gered konden worden te verlossen, en wat niet lag in
onze verdiensten uit de zijne aan te vullen. En gelijk hij een eenling
(singularis) was door heiligheid, zo is hij een eenling door zijn nut
ten heil van anderen. Wat zou anders zijn heiligheid voor belangrijke verdiensten hebben, als zij alleen voor zijn eigen redding, niet
voor die van een ander voldoende ware? Zou soms Adam door te
gehoorzamen zichzelf hebben gered, hetgeen zelfs iedere heilige ontvangt door Gods genade? Des te meer moet de goddelijke genade
iets bewerkstelligen in deze rechtvaardige enkeling" [1]).

Toegegeven kan worden, dat deze gedachtengangen een weinig
centrale plaats bij Abélard lijken in te nemen; toegegeven ook, dat
zij hem als het ware opgedrongen worden door Paulus: zij komen
tenslotte voor in het commentaar op de Brief aan de Romeinen. Is
het trouwens onjuist, dat de theologie ontspringt aan de exegese
van de Schrift? En dan: deze voorstellingsreeks is binnen het ka-
der van Abélard's verdere gedachten zeker niet inconsequent te noemen. Men kan ongetwijfeld de gedachten over de verzoening op zichzelf bij Abélard vrijwel geheel psychologisch interpreteren. De voor-
stelling van de incarnatie, het leven van Christus, de onveranderlijke
liefde van God lijkt open voor een dergelijke opvatting. Maar zowel
door de nadruk op de electie als door het poneren van het werk des
Heiligen Geestes als een initiatief Gods, waardoor het eigenlijke verzoeningswerk bevestigd wordt is er alle aanleiding, Abélard's gedachten over persoon en werk van Christus te bezien in een ander, veel
theologischer licht. Er is wel degelijk een uitzonderlijk handelen
Gods in Christus, er is wel degelijk een gesprek van Vader en Zoon,
waarbij de Vader om der wille van de eigen gerechtigheid de voorbede van de rechtvaardige eenling moet verhoren. Wat Abélard voor
ogen blijkt te staan is inderdaad iets anders dan wat Anselmus als
het verzoeningswerk van Christus zag; maar het mag toch niet sub-
jectiever heten. Abélard's opvatting van Christus als de geïncar-
neerde Wijsheid Gods, die ons de ware wijsheid leert, krijgt veel nadruk; maar men doet goed zich voor ogen te houden, dat hij deze
gedachtengangen ontwikkelt in de sfeer van een monachale vroom-
heid, niet in die van een antiek moralisme. En zeer belangrijk is het,

---

[1]) Cousin II, 237 = ML 865D sq.

dat hij in het gedachtencomplex van zonde, verdienste en wil zich losmaakt van een anthropologie, die het handelen van de mens opvat als substantieel bepaald. Het is de goede wil, de gezindheid, die hier de maat bepaalt. Daardoor kan hij Christus' leven en sterven als een eenheid opvatten: Christus heeft van de moederschoot af God met heel zijn hart liefgehad – en wat is er meer nodig? Dat is een preludiëren op het eerst na hem zo belangrijk wordende thema van de navolging van Christus. Men mag theologisch betreuren, dat het die kant zo sterk is uitgegaan; historisch kan men constateren, dat Abélard ook op dit punt – als in zoveel andere opzichten – zijn tijd vooruit was.

Dan: Abélard identificeert weliswaar de gerechtigheid van God met Zijn liefde, waardoor de verzoening van God door het werk van Christus haar zin lijkt te verliezen; maar wij zagen tenslotte, dat Christus door de rechtvaardige plaatsvervanger te zijn een beroep kan doen op de gerechtigheid Gods voor de Zijnen; Hij vult door Zijn verdienste aan wat ons ontbreekt. Inderdaad kan men zeggen dat Abélard in zijn leer van de verdienste van Christus beter theoloog is geweest dan Anselmus, voor wie het zo is, dat Christus' verdiensten, die Hijzelf als God niet nodig heeft, ons ten goede kunnen komen. Abélard heeft een betere kijk op het probleem van de toeëigening des heils, wanneer hij op dit punt denkt aan de priesterlijke voorbede van Christus, die op God een beroep kan doen voor de zijnen. Christus is de rechtvaardige. Daarom is Hij ons ten voorbeeld, en op die zijde legt Abélard zeer veel nadruk; maar Hij kan door Zijn rechtvaardigheid God ook verplichten tot de verhoring van Zijn voorbede.

Ook dit zal men in rekening dienen te brengen, wanneer men de balans van Abélard's theologie opmaakt en daarbij te maken krijgt met de eerst zo onheilspellend lijkende nadruk op de onveranderlijkheid Gods, een door Abélard zeker niet volledig van zijn wijsgerige betekenis ontdaan begrip. Bij nader toezien omvat echter bij hem de notie van de onveranderlijkheid Gods ook gerechtigheid en liefde. Bij Anselmus is Gods onveranderlijkheid primair Zijn onbuigzame wil om Zijn rijk uit te breiden, en in Cur Deus Homo althans is het wijsgerig element geëcarteerd (hetgeen echter niet het geval is met zijn eerste, nog sterk wijsgerige geschriften). Abélard heeft steeds in de gedachte van de onveranderlijkheid van God de filosofie haar woord laten meespreken, maar zij heeft er niet het laatste woord in gehad [1]). Tenslotte kent ook hij de gedachte van Gods onbuigzame gerechtigheid, die evenwel door de ene rechtvaardige plaatsvervanger ons ten nutte wordt gewend en zich daardoor openbaart als de onveranderlijke liefde.

IV

Grondlijnen werden in dit opstel aangeboden, geen volledige theologie. Dat heeft twee bezwaren. In de eerste plaats kon geen volledigheid worden nagestreefd. Allerlei moest terzijde gelaten worden of slechts in het voorbijgaan worden genoemd. Over de ethiek ware nog wel iets te zeggen, over de triniteitsleer en de Christologie eveneens; en met geen woord kon gerept worden over de sacramentsleer, die – voor het eerst in de Westerse theologie – een eigen plaats krijgt in de dogmatiek. Terwijl Augustinus het Westen had geleerd, de theologie te ontvouwen aan de hand van het schema: geloof, hoop, liefde (op deze trits is het Enchiridion gebouwd), heeft Abélard terstond in het begin van zijn Introductio ad Theologiam gesteld: ,,Drie stukken zijn het, naar ik meen, waarin de som van het menselijk heil bestaat: namelijk geloof, liefde en sacrament'' [1]). Maar het kon binnen dit opstel niet worden uitgewerkt. In de tweede plaats moesten in het bestek van een artikel als dit de lijnen scherper worden getrokken dan zij bij Abélard in het algemeen te vinden zijn. Een van de moeilijkheden bij Abélard is het gebrek aan vorm. Zijn betoog is

---

[1]) Vgl. de aanhef en het slot van ep. 17 (epistola et fidei confessio ad Heloissam): ,,Soror mea Heloissa, quondam mihi in saeculo cara, nunc in Christo carissima, odiosum me mundo reddidit logica. Aiunt enim perversi pervertentes, quorum sapientia est in perditione, me in logica praestantissimum esse, sed in Paulo non mediocriter claudicare. Quumque ingenii praedicent aciem, christianae fidei subtrahunt puritatem. Quia, ut mihi videtur, opinione potius traducuntur ad judicium, quam experientiae magistratu. Nolo sic esse philosophus, ut recalcitrem Paulo; non sic esse Aristoteles, ut secludar a Christo. Non enim aliud nomen est sub coelo, in quo oporteat me salvum fieri. Adoro Christum in dextera Patris regnantem. Amplector eum ulnis fidei in carne virginali de Paracleto sumpta gloriosa divinitus operantem. Et ut trepida sollicitudo, cunctaeque ambages a corde tui pectoris explodantur, hoc de me teneto, quod super illam petram fundavi conscientiam meam, super quam Christus aedificavit ecclesiam suam (dan volgt een korte geloofsbelijdenis, waarbij hij Arius en Sabellius expressis verbis verwerpt, en zijn geloof verzekert in de vergeving van alle zonden door de doop, evenals in de genade: gratiaque nos egere, qua et incipiamus bonum, et perficiamus, lapsosque per poenitentiam reformari). De slotwoorden luiden: Haec itaque est fides in qua sedeo, ex qua spei contraho firmitatem. In hac locatus salubriter, latratus Scyllae non timeo, vertiginem Charybdis rideo, mortiferos Sirenarum modulos non horresco. Si irruat turbo, non quatior. Si venti perflent, non moveor. Fundatus enim sum supra firmam petram.'' Cousin I, 680 sq = ML 575–578.

[1]) Cousin II, 5 = ML 981C.

springerig, soms herhaalt het zich tot vervelens toe, een ander maal is hij zo compact van uitdrukking dat hij dubbelzinnig wordt, en hij heeft geworsteld met zijn uitdrukkingswijze, omdat hem de technische middelen ontbraken, die later de Scholastiek ten dienste zouden staan. Hij kwam niet meer uit met de traditionele vormen, en is er lang niet altijd in geslaagd, bruikbare nieuwe te vinden. De prachtige gesloten vorm, waarin Anselmus zijn theologie voordraagt ontbreekt bij Abélard te enen male. Maar het is aan de andere kant toch ook weer niet zo, dat men bij hem slechts kan spreken van een aantal ten dele zeer diep peilende en gewoonlijk zeer spirituele theologische invallen. Er is wel degelijk een innerlijke noodzaak aan te wijzen in zijn theologie.

Dit ligt niet alleen in het besef van Abélard, dat de wijsbegeerte krachtens de structuur van het geschapen denken niet adaequaat over God kan spreken. Ware dat alles, dan zou men kunnen veronderstellen, dat de theologie zou berusten op een zeker agnosticisme. Maar als Abélard zegt, dat men de betekenis van de wijsgerige begrippen in de theologie overdrachtelijk moet gebruiken, dan moet er toch een maatstaf zijn voor die overdrachtelijkheid, en die is er ook. Het criterium voor de waarheid der theologie is voor Abélard zijn gebondenheid aan de persoon van Christus. Men zou zich kunnen voorstellen, dat Abélard met zijn voorkeur voor een zeker nominalisme (want zijn eigen wijsbegeerte staat daar dichter bij dan bij het realisme) tot de slotsom was gekomen: theologie is als wetenschap onmogelijk; gelijk veel later het Engelse empirisme, met name de zeer nominalistische Hobbes, het zou stellen. Zo zou Abélard zich niet hebben kunnen uitdrukken in de twaalfde eeuw; maar hij had op de gebruikelijke wijze van die tijd de gemeenplaatsen van de traditionele theologie kunnen herhalen. Hij heeft echter iets anders gewild: hij heeft de bedoeling gehad, werkelijk theoloog te zijn.

En hij is het geweest. Misschien in de eerste plaats omdat hij zich gebonden wist aan Christus' persoon; dat had tot een ervaringstheologie kunnen leiden, waarbij het geloof door een godsdienstpsychologie volledig beschreven zou kunnen worden. Stellig neemt de psychologische beschrijving van Christus' werk een voorname plaats bij Abélard in. In dit opzicht is hij trouwens kind van zijn tijd; ook bij een Bernard van Clairvaux, met name in de Sermoenen over het Hooglied, is de aandacht gericht op wat Christus met de ziel doet – en de ziel met Christus. Trouwens, in de beeldende kunst van die dagen is het niet anders; de grote sculpturen van de Romaanse kerken: de Christus van Vézelay, van Autun, van Moissac zijn persoonlijkheden, geen schema's. Maar wanneer Abélard zo sterk de nadruk legt op de betekenis van het gehele leven van Jezus, en niet alleen van Zijn dood, dan is het niet alleen de bedoeling, de bruidegom van de ziel te beschrijven (wat bij Bernard zo sterk het geval is), maar dan wil hij Hem ook, en in sommige gedachtengangen bovenal, tekenen als de ene rechtvaardige, de plaatsbekleder, die in onze plaats voor God staat, en eerst door de voorbede en de dood van deze ene rechtvaardige kunnen wij zeggen dat Jezus ons voorbeeld is. Hij wekt liefde in ons; maar het is de Heilige Geest, die haar alleen kan bevestigen. En de Heilige Geest is bepaaldelijk niet 's mensen geest. Abélard is geen spiritualist; en op dit punt is zijn wijsgerig inzicht in de grenzen van de menselijke rede hem ten zeerste te hulp gekomen.

In dit opzicht is er een graadverschil, en geen essentieel verschil tussen Anselmus en Abélard. Anselmus kent ook de plaatsvervanger, en hij concentreert de plaatsvervanging in het sterven van de Godmens (men denke aan Cur Deus Homo II, 16). Abélard denkt daarentegen aan det gehele bestaan van Christus, van geboorte tot hemelvaart. Wij hoorden hem zeggen, dat in onze Koning onze substantie in de hemel regeert. Het is stellig waar, dat Anselmus dieper heeft nagedacht over de gerechtigheid van God en daardoor de verzoening bijbelser kan behandelen. Maar ook bij Abélard is de verzoening tenslotte een handeling van de Godmens. En Abélard overtreft in dit opzicht Anselmus, dat hij de leer van de toeëigening des heils beter kan behandelen door in de recapitulatieleer de voorbede zwaarder te accentueren.

En dan zal men moeten laten gelden, dat Abélard grote aandacht heeft gehad voor de exegese; het is van belang, dat hij zijn diepste gedachten heeft ontwikkeld bij de verklaring van de Brief aan de Romeinen. Ook daar worstelt hij met zijn stof, en men heeft het gevoel, dat hij meermalen de verzenen tegen de prikkels slaat. Maar hij redeneert de woorden van Paulus niet weg. Hij was niet van het theologisch formaat van Anselmus; maar wel is hij de scherpzinnigste van de twee; en in zijn werk vinden wij het bestaan van Jezus Christus als een totaliteit beter ontwikkeld dan bij de aartsbisschop van Canterbury het geval is.

Ook in dit opzicht toont hij van een nieuwere tijd te zijn dan Anselmus, de 46 jaar oudere. Zij verschillen anderhalve generatie, en dat is in de eerste helft van de twaalfde eeuw ontzaglijk veel. Daarom schuilt er iets onbillijks in, beider gedachtengangen naast elkaar te zetten om uit de vergelijking van hun constructies een oordeel over de een en de ander te vellen. Geen denker ontkomt aan de invloed van zijn tijd; en dat is bij Abélard, met zijn divinatorisch vermogen ten aanzien van wat werkelijk de richting der toekomst zou zijn, in hoge mate het geval geweest. Anselmus is met al zijn grote en gedurfde creativiteit een afsluiting van de periode, die in de elfde eeuw het doorwerken van de Cluniacensische idealen en hand in hand daarmee de ontwikkeling van de curialistische ideologie te zien had gegeven, de uitbouw van de dialectiek evenzeer als het ontstaan van de weidse Romaanse kloosterkerken. Met Abélard begint een nieuwere tijd stem te krijgen. Merkwaardig genoeg is hij pionier geweest in twee zeer uiteenlopende richtingen: die van de theologie en van het vagantenlied. Nog worden, vertelt hij niet zonder trots in zijn Historia Calamitatum (en de correspondentie van Héloïse bevestigt het), nog worden zijn liederen door velen gezongen; zij zullen hebben geklonken onder de studenten en de arme klerken, onder de leden van de grote en weinig respectabele broederschap der goliarden. Zijn onder de anonieme stukken in de Carmina Burana, waarin dicht en ondicht (trouwens naast zeer respectabel werk van zeer respectabele geestelijken) bewaard is gebleven van deze lieden, nog liederen van Abélard's hand? Wij weten het niet en zullen het ook wel nimmer te weten komen. Maar het is op zichzelf niet onwaarschijnlijk; er is een geestelijke verwantschap tussen Abélard en de grootste dichter der vagantenpoëzie: de Archipoëta, schimmige gestalte in het gevolg van de IJzeren Kanselier van Frederik Barbarossa, Reinoud van Dassel. In spot en opstandigheid, extravagantie en gevoeligheid doet hij aan hem denken.

Maar ook in de andere richting is Abélard pionier geweest: in die van de theologie en de wijsbegeerte. Als logicus is hij zeer groot geweest; zijn kentheorie is de verlegenheden zowel van het naïeve realisme als van het naïeve nominalisme te boven gekomen (zij het ook dat zijn optreden twee fel verontwaardigde tegenstanders heeft geschapen in Roscellinus van Compiègne te linker-, en Willem van Champeaux te rechter zijde) en heeft een weg gewezen, die door het Aristotelisme weliswaar beter begaanbaar zou worden, maar niet vervangen.

Tenslotte: toen Abélard de poorten van Sens binnenkwam, waar Bernard van Clairvaux zijn vonnis zou forceren, kon hij er, midden in het stadje, het steigerwerk zien rondom de eerste Gothische kathedraal van Frankrijk: de St. Etienne. Het was na het werk van Suger van Saint Denis aan zijn abdijkerk het eerste teken van de veranderde stijl. Inderdaad kan men ook Abélard een prae-Gothische geest noemen. Anselmus' constructies zijn de tegenhanger van het Romaanse bouwen, waarin men experimenteert met de zware gewelven en de gevaarlijke koepelconstructies, gedragen door de muren van de kerk zelf (en dan ook talloze malen ingestort). Anselmus' ontologisch bewijs herinnert aan deze architectonische experimenten; ,,nadat ik een boekje (het Monologion met het kosmologisch Godsbewijs) als proeve van overdenking betreffende de geloofsgrond ... had uitgegeven, kwam bij mij, toen ik bedacht dat het was samengesteld uit een aaneenschakeling van vele argumenten, de vraag op, of misschien één bewijs gevonden kon worden, dat niets anders van node had tot grond dan zichzelf", zegt hij in het voorbericht van het Proslogion; het is dezelfde stoutmoedigheid, die de Romaanse bouwmeesters ertoe brengt, hun koepels en tongewelven als het ware uit de muren zelf te doen voortkomen. De Gothiek heeft een andere oplossing gezocht; zij heeft de steunsels van de gewelven buiten het kerkgebouw gebracht, door de luchtbogen in te voeren. Het is als het ware een symbool van de theologie van Thomas van Aquino, tijdens wiens leven de kerk gebouwd is, die als het hoogtepunt van de Franse Gothiek geldt: de kathedraal van Amiens. Ook bij Thomas zijn de steunpunten van de theologie buiten haar bestek te vinden. Geldt dat niet ook ten dele van Abélard? Men kan bij een Gothische kathedraal niet zeggen, dat de luchtbogen naar buiten wijzen; zij dienen niet tot versiersel, maar om het inwendige een dak te geven – gratia naturam perficit. En men moet erkennen, bij Thomas en bij Abélard, dat als de theologie misschien een steunpunt heeft in de ratio, het niet om die ratio begonnen is. Maar de buiten de kerk gelegen steunpunten blijven zichtbaar.

Dit zijn evenwel ijdele speculaties; zeker is, dat de theologie van Abélard schatten in zich bergt, die zowel om historische redenen als om strikt theologische van eminente betekenis zijn; een nieuw onderzoek is daarom zeker niet ongewenst.

Amsterdam.

TOEN HET BESTAND TEN EINDE LIEP

MOEILIJKHEDEN VAN EX- EN INTERNE AARD VOOR DE
HERVORMDE KERK IN WEST-BRABANT ROND 1620

DOOR

A. HALLEMA

Heb ik in mijn vorige bijdrage in dit tijdschrift over „Oranje en de Hervormde kerk in West-Brabant van 1614–1618" [1]) de aandacht der lezers vooral gericht op de verhouding van de in 1614 gevormde Classis Breda tot die van Dordt ten zuiden der grote rivieren gedurende enkele jaren van het Bestand, thans zal het accent vooral gelegd worden op wat bij de beëindiging van dat Bestand met betrekking tot de jonge Westbrabantse gemeenten der Hervormden stond te gebeuren.

Het was te verwachten, dat bij de hervatting van de oorlog tussen Spanje en de Noordelijke Nederlanden, nog bedenkelijker geworden door de toen pas uitgebroken Dertigjarige Oorlog in de Duitse landen, het Brabantse deel weer de eerste klappen zou moeten opvangen, waarvan het Protestantisme in deze streken wel het meest en een zeer gevoelige terugslag zou ondervinden. En dit zou weer ten gevolge hebben, dat de predikanten uit de overige delen der jonge Republiek zouden worden afgeschrikt om zich beroepbaar te stellen voor de jonge Hervormde gemeenten in het Zuiden. Wederkerig zouden zij, die aldaar in functie waren en de gevolgen van de oorlog reeds vóór 1609 aan den lijve hadden ondervonden, mogelijk de neiging krijgen een op hen uitgebracht beroep boven de grote rivieren des te spoediger aan te nemen. om de gevarenzône van de zuidelijke frontiefstreken te ontwijken.

De leidslieden der jonge Bredase classis stonden daardoor tegen het aflopen van het Bestand voor grote moeilijkheden en bezwaren van externe aard.

Maar er waren daarnaast nog moeilijkheden van interne aard, die ook om een oplossing op korte termijn vroegen en die ten dele

---

[1]) *Nederlandsch Archief voor Kerkgeschiedenis*, dl. XLI, blz. 13–40.

wel samenhingen met het bovengeschetste kritieke tijdsgewricht:
beroepingskwesties, verhouding Contra-Remonstrant en Remonstrant en vooral de nu weer slechter geworden verstandhouding
tussen de Rooms-katholieke en Protestantse bevolkingsdelen in
het Zuiden. Prins Maurits als stadhouder, legeraanvoerder en
bovendien privaatbezitter van diverse heerlijkheden in Brabant
met zijn overheersend R.K. bevolking, die een zeer moeilijke positie innam om volstrekt objectief en neutraal te blijven, werd nu
weer meer dan ooit enerzijds opgepord door de soms al te heftige
Calvinistische predikanten, om alleen en uitsluitend de rechten van
hun gezindte te doen eerbiedigen, anderzijds geërgerd door het
vijandig optreden van sommige al te heet gebakerde R.K. schouten
en geestelijken, die de herovering van de Lage landen door Spanje
voorstonden tot uitroeiing van het Protestantisme en allen, die
het aanhingen.

Tussen deze beide uitersten door te zeilen, was een even kiese
opdracht als moeilijke taak, des te moeilijker voor de weinig diplomatieke krijgsman, die Maurits was. En toch zal men na lezing
van deze bijdrage geredelijk tot de erkenning moeten komen, dat
hij geenszins koerste op een eenzijdige kerkelijke gedragslijn, in
zoverre het zijn heerlijkheid Breda betrof, met diverse Hervormde
gemeenten daarin nog in opkomst en in wording, doch dat hij zich
wel degelijk de moeite heeft getroost, om de belangen van beide
partijen te behartigen, natuurlijk ook wel eens om de kool met de
geit te sparen!

Evenzeer moet erkend worden, dat de leidslieden der Hervormde
kerk, ook die van de jonge Bredase classis niet bij de pakken bleven neerzitten, doch de reformatie krachtig doorzetten, energiek
hielpen, waar geholpen moest worden, zodat de meest kleine gemeenten deze steun en medewerking dankbaar accepteerden, terwijl
ook het werk van de gemeente-opbouw in het Zuiden nog niet tot
stilstand werd gebracht.

In de houding der Nationale Synode van het jaar 1619 ten aanzien
van ,,de amotie van de Paepsche Pastoren hier te lande'' meende de
Bredasche classis wel aanleiding te hebben daarover t.g.t. verzoeken te richten aan de betrokken instanties, als de Roomse geestelijkheid haar verdachtmaking der predikanten nog meer voort-
zette. Vooral toen Willem Jacobssen van Turnhout zijn klacht in
de Juli-classis, te Roosendaal gehouden, herhaalde, ,,vanden offi-

ciael des Bisschops van Antwerpen seer geaffligeert te worden",
nam de aanleiding daarvoor toe. De man werd hulp toegezegd in
dier voege, dat elk der bij de classis aangesloten plattelandsge-
meenten te zijnen behoeve 10 gld. zou geven en die van Breda 25 gld.
of 30 gld., „ten waere het beter conde vallen binnen Breda bij
sekere particuliere gequalificeerde personen tselve te effectueren,
daer toe D. Muysholius [1]) sijnen dienst heeft gepresenteert". Door
deze samenwerking werd ruim 200 gulden voor de economisch ge-
boycotte Turnhoutse Protestant bijeengebracht. Wat men voor
zijn lotgenoot uit Westwezel zou moeten doen, werd in de classis
van 20 Juli tot onderwerp der besprekingen gemaakt. Daar verscheen namelijk Jacob Anthonissen opnieuw, die er over klaagde,
dat men het hem in zijn woonplaats op allerlei wijzen moeilijk
maakte, nu hij de samenkomsten der Hervormde gemeente
Zundert bezocht, eerst hem daarvan trachtte af te houden en, nu
hij doorzette, hem begon te plagen en lastig te vallen.

De classis adviseerde hem met het oog daarop, dat hij zijn domi-
cilie moest voorleggen naar Zundert en voorlopig „tot Sundert een
kamer huren, om alle Saterdachs, (te Westwesel sijn werck inde
weke gedaen hebbende), daer te comen slapen, aengesien de sake
nu ter tijt anders qualyck geremedieert can werden", dit in verband
met de bepalingen van het Bestand en doordat de Synode nog
geen uitspraak had gedaan.

Aangezien de classis Breda, die nog klein was en dus ook be-
perkt van middelen in vergelijking met de Dordtse classis, voor
hulpverlening, als in bovenverhaalde gevallen van haar werd gevraagd, over uitgebreide financiën zou moeten beschikken, werd bij
dezelfde gelegenheid ook het denkbeeld ter sprake gebracht, om aan
de eerstvolgende Synode der Prov. Holland te verzoeken deze classis
te vergroten met de Hervormde gemeenten van *Willemstad, Steen-
bergen, Fijnaart, Klundert* enz. Om hiertoe des te eerder en beter
te geraken, werd een „voorschrijven" of advies van de Prins aan
de Synode zeer bevorderlijk geacht en „om met des te meerder
authoriteyt daer toe te mogen comen".[2]) Maar met renegaten was

---

[1]) Predikant der Hervormde gemeente te Breda en meermalen afgevaardigd naar
synoden, andere classes, de Prins van Oranje, Raad van State en Staten-Generaal.
[2]) Van deze en andere brieven werd reeds toen een register aangelegd, waarin ook de
copieën der uitgaande stukken werden geschreven. Zowel dit register als de originelen
zijn echter spoorloos verdwenen, waarschijnlijk ten gevolge van de ravage, door de
Spanjaarden in 1625 in de Grote Kerk der Hervormde Gemeente aangericht, waarbij
zoveel archiefmateriaal heeft geleden of is vernield. Het onderstaande besluit in de Sep-

men toch zeer voorzichtig, getuige het in dezelfde classis besproken feit, door de Zundertse predikant aangediend, dat aldaar „eenen priester, die versch uijt het Pausdom comt ende eene vrouws persone, out omtrent de 25 jaren, medebrenght, met de welcke hy versoeckt getrout te worden", ook gaarne tot deze gemeente wilde toetreden, om met verloop van tijd in deze of een andere classis een schoolmeestersfunctie te verwerven. De classis adviseerde ten aanzien van de toelating van deze personen hen niet anders in de echt te verbinden, „ten zij saecke datse blijck brenghen datse beijde vrije personen zijn" en wat hun toelating tot de gemeente betreft, onderzoek te doen naar hun geloofsovertuiging, kennis en begrippen betreffende de Hervormde leer.

De kwestie van de *vierde* predikant voor de zich snel uitbreidende Hervormde gemeente te *Breda* nog nooit afgedaan zijnde, werd op advies van Ds Boxhorn nu tevens besloten, om deze zaak opnieuw onder de aandacht der daarbij betrokken instanties te brengen. Hij en Ds. Hanecop gingen daartoe in opdracht der classis naar het stadhuis, om de magistraat voorschrijven aan de *Prins* te verzoeken, „ten eynde een seker gage te becomen tot eenen vierden Predicant, die de kercke van Breda in dese gelegentheyt des tijdts hooghlick van nooden heeft".

Doch er was bij die gelegenheid nog meer te verhandelen met dit achtbaar college, wat de belangen der kerk betrof: consent voor de collecte ten behoeve van verspreid wonende leden buiten de Baronie als in het geval van Willem Jacobs, hiervoor gemeld, de uitkering van „het gelt, twelck de Prince van Orangen laest gestorven hooger memorije *den kercken bij testament* heeft gemaeckt" [1]), de

temberclassis 1619 (2 en 3 Sept.) getuigt voor de zorg der kerkelijke archivalia van de classis: „De Preses (Ds. Hanecop) heeft voorgestelt, alsoo eenige papieren den Classe toebehoorende, onder verscheyden Broeders des Classis berusten, daerse lichtelick verloren worden ofte immers dickwijls te soecken zijn, Of het niet geraden en ware, datmen een seker kasse liet maecken sumptibus classis, daerinne de papieren voors. mochten worden bewaert. De Broeders alle te samen vinden tselvige raedtsaem, ende is quaestor classis D. Pomeranus belast neffens D. Hanecopium eene sodanige kasse te doen maecken, met een slot, daer twee sleutels toe gehoren, van welcke twee sleutelen d'een berusten zal bij den scribam classis, d'ander bij den deputatum ex civitate".

[1]) Dit legaat blijkt in termijnen te zijn uitgekeerd, want in de classisvergadering van 4 November 1620 werd genotuleerd: „Alsoo wederomme vervallen is *eene paije des legaets* den kercken gemaeckt bijden Heere Prince van Orangen laestgestorven, H. Gedachtenisse, zijn gedeputeert D. Boxhornium ende D. Plancius, om den Heer Rentmeester Bax daer over aen te spreken ende te vernemen, wanneermen de selve zoude moghen ontfanghen" (Oudste classisboek, fol. 37 ro). De making van Prins Filips Willem blijkt verder te zijn gesplitst in een deel voor de armen en voor de kerk der Hervormde gemeente te Breda en voor de Hervormde gemeenten in de Baronie.

verplichte ondertekening van de Ned. Geloofsbelijdenis, van de catechismus en van de vijf regels der Dordtse Synode door alle schoolmeesters in de Republiek en dus ook in de Baronie van Breda, „ten eynde door dat middel alle sectarische scholen te weeren".

Toen de deputatie weer terugkwam van het stadhuis, brachten haar leden rapport uit van de gevoerde besprekingen, in dezer voege, dat ook de magistraat het beroepen van een vierde predikant noodzakelijk oordeelde, „waeren der slechts middelen" [1]. Een mondelinge bespreking in Den Haag zou, achtte het college, meer effect sorteren. De collecten ten bate van verspreid wonende Protestanten, die in een der kerken van de Baronie hun godsdienstplichten vervulden en gehinderd werden door de Rooms-Katholieken, moest vóór alles een kerkelijk karakter dragen. Wat de uitkering der legaten van wln. Filips Willem, Prins van Oranje en Baron van Breda betrof, verklaarden de magistraten, „dat die nu al geschiet was ende dat eerst van beyden, (die van d'onse ofte die van de Roomsche Religie) zouden comen, de penningen ontfanghen zouden". Maar wat de ondertekening der kerkelijke belijdenisschriften aanging, welke de Synode verplicht achtte voor alle schoolmeesters, daarin voelden de achtbare heren zich bezwaard, want in Brabant waren de onderwijskrachten Rooms zowel als Onrooms en krachtens de bepalingen van het Bestand, die alsnog kracht van wet hadden, kon men hun, die Rooms-Katholiek waren, een dergelijk verplichting onmogelijk opleggen. Vandaar, dat zij de classis te dezer zake verwezen naar de Prins, „daer sy daer inne niet en konden doen, of het moeste hen van Sijne Furstelicke Genade belast werden".

In verband met deze conclusies werd Ds. G. Verhoeven door de classis naar Den Haag afgevaardigd, die bovendien nog eens ter sprake zou brengen, welke grote vrijheden de Rooms-Katholieken zowel als de Luthersen [2] „langhs so meer in dese stadt van Breda

---

[1] Dus de nodige fondsen voor de beroeping van een vierde predikant.

[2] De Luthersen hadden Te Breda in 1618 hun eerste vaste predikant gekregen in Ds Justus Brouwer, die in 1625 natuurlijk ook moest vluchten. Toen Frederik Hendrik in Octobeer 1637 de stad weer op de Spanjaarden had veroverd, konden de Luthersen van Breda al spoedig een nieuwe voorganger beroepen, die ze vonden in Ds. Johannes Kalkbrenner, de 28 Maart 1638 als predikant dezer gemeente bevestigd. Over de soms nog al gespannen verhouding tussen Luthersen en Hervormden te Breda in de 17de eeuw hoop ik spoedig uit de archieven der Evangelisch-Lutherse gemeente aldaar enige nieuwe gegevens te publiceren. Een derde Protestantse gemeente aldaar vormde de Waalse gemeente, welke in 1590 van Prins Maurits de St. Wendelinuskapel of kerk van het Begijnhof voor haar godsdienstoefeningen bekwam. Voorganger dezer gemeente werd toen

aen sich nemen''. Doch de Prins, die evenals zijn overleden broeder
in geloofszaken en kerkelijke verhoudingen steeds tot soepelheid en
goede verstandhouding met andersdenkenden aanmaande, inzonderheid in zijn patrimonium van Breda, wenste geen der beide
partijen over de andere te doen heersen, hetgeen voldoende zou
blijken uit de aard van het onderhoud dat Ds. Verhoeven als depu-
taat der Classis met hem had.

Doch voordat daarvan in het kort verslag wordt gedaan, diene
eerst even melding te worden gemaakt van een merkwaardige beroepingskwestie, waarin de jongste Bredase predikant Ds. *Hanecop*
min of meer tegen zijn wil werd betrokken, die verder de gemeente
Breda voor het ogenblik voor grote moeilijkheden plaatste en waardoor ook al weer Prins Maurits door beide partijen in een lastig
parket werd gebracht. De kwestie was deze. Nadat eerst enige
moeilijkheden voor de gemeente *Dongen* waren opgelost, die verzocht om betere bediening door de omwonende predikanten, subsidie voor haar kerkelijke fondsen en benoeming van een nieuwe
kerkeraad [1]), kwamen enige broeders van de gemeente Rotterdam
binnen staan, die bij monde van een hunner, Ds. Braeckerus,
predikant aldaar, de beroepbrief van hun gemeente overbrachten
voor Ds. Hanecop, onder mededeling, dat de gemeente *Breda*
weigerde om de beroepene te laten vertrekken.

Daardoor zagen zij zich nu verplicht de tussenkomst van de

Ds. Christiaen de Blocq (Christien du Blocq) tot 1608, die in 1607 van Prins Maurits
evenals de andere (Hervormde) predikanten uit de inkomsten der geestelijke goederen
vrij huishuur (/ 60, =) verzocht en verkreeg (Nassau-Domein-Archief, Kerk-zaken,
dl. 64, fol. 1). Ds. Lazare Bayard, die zeer bij de Prins gezien was, werd zijn opvolger tot
1625 en moest toen ook vluchten, om dadelijk na de verovering der stad door Frederik
Hendrik zijn gemeente weer op te bouwen en haar tot aan zijn dood in 1643 te dienen.
Zie over de geschiedenis van haar kerkgebouw het belangrijke artikel van Drs. P. Scherft,
Van Wendelinuskapel tot Waalse kerk, in: *Jaarboek ,,De Oranjeboom''*, dl. VI, 1953,
blz. 60–100. Als vierde Protestantse gemeente te Breda zullen we hierna nog noemen de
z.g. Engelse of Schotse kerk, uit de geestelijke behoeften van het talrijke garnizoen ont-
staan, waaronder vele Engelse en Schotse militairen waren. Het bedehuis tot dat doel
stond naast het Oudemannengasthuis in de Boschstraat (Van Goor, Beschr. v. Stad en
Lande van Breda, blz. 100)). De Raad van State verleende deze gemeente in 1643 acte
voor / 200 subsidie tot het predikantstractement (Acta Classis Breda 7 April 1643).
Zie over de geschiedenis van deze gemeente in de 17de eeuw te Breda mijn artikel:
De Engels-hervormde gemeente te Breda gedurende de 17de eeuw, in: Jaarboek van de
Geschied- en Oudheidkundige Kring van Stad en Land van Breda *De Oranjeboom* dl. I
1948, blz. 70–101.

[1]) Doordat de gemeente 's *Gravenmoer* toen vacant was, bood Ds. Verhoeven gratis
zijn diensten aan, om zolang deze vacature bleef, de Hervormden van *Dongen* te helpen,
hetgeen zij zowel als de classis in dank accepteerden onder belofte ,,hem (Ds. Verhoeven)
alle sondaghe *eene karre te zullen beschicken*, ende voorts aldaar ter plaetse vande mondt-
kosten te defroyeren''.

classis Breda in te roepen, om de beroepene te dimitteren en de gemeente van Breda te overtuigen van de noodzakelijkheid, dat Ds. Hanecop te Rotterdam een belangrijker zending had te vervullen dan te Breda. Als argumenten voerden zij aan, dat de ene gemeente verplicht was de andere te helpen, „gelijck als in eenen gemeijnen brandt een yegelick een toeloopt, sijn eijghen huys verlatende". Voorts was de gemeente van Rotterdam er wel heel slecht aan toe, die, veel groter dan de gemeente van Breda, veel meer had te lijden van de kerkelijke twisten tussen de contra's en Remonstranten, welke toen de vaderlandse kerk in beroering brachten. Volgens het zeggen van deze deputaten aasden de Remonstranten vooral op deze gemeente „ende datse op de selve gloriëren, waerom dan den rechtgevoelende kercken aen de behoudinghe vande kerke van Rotterdam sonderlingh is gelegen". Daarom hadden zij hun oog geslagen op Ds. Hanecop, die in den lande bekend stond als een zeer bekwaam en onverdacht rechtzinnig theoloog en predikant, „dewelcke, soo haer mochte gewerden, soo en twijfelden sij niet, of die groote menichte volx, dewelcke nu ende dan met groote desordre buyten de stadt liepen, om hare conventiculen te houden, soude door sijne predicatien buinnen de stadt gehouden worden, waer door dan de stadt van Rotterdam hare vorige ruste wederomme soude bekommen, ende met eenen het gemeijnen land ontslagen van die groote onkosten, die het nu genootsaeckt was te doen, mits het houden van dat grote garnisoen aldaer binnen". Tot staving van deze argumenten legden zij een brief over van de Rotterdamse magistraat, die niet alleen het beroep approbeerde, doch het gehouden betoog der deputatie nog aandikte en versterkte.

Ds. Hanecop, naar zijn besluit gevraagd zijnde, of hij het beroep al dan niet wenste aan te nemen, antwoordde de classis, dat hij door het onverwachte gebeuren in het onzekere verkeerde, geen besluit kon nemen en zich aan het oordeel der classis onderwierp. Hij had nooit naar dit beroep gestaan of verlangd, „jae daer hy selfs gelijck als een afschouw vande kercke van Rotterdam altijts hadde gehadt; dat oversulcx hem dochte wat Goddelycx in dit beroep te zijn, daeromme dan oock hij het selve niet en hadde durven afslaen! Voorts, dat de noot vande kercke van Rotterdam ingesien zijnde, de selve hem grooter dochte te zijn als wel die vande kercke van Breda, ende dat hij oordeelde dat sijnen dienst daer wel soude profijtigh zijn. Maar dat hij een mensch zijnde, conde failen in sijn oordeel: ende of wel de noot vande kercke van Rotterdam mochte groter zijn als die van de kercke van Breda, dat hij evenwel nochtans niet en wiste, of Godt daeromme juijst *sijnen* dienst aldaersoude willen gebruycken".

Deze onzekere houding van de beroepen predikant[1]) maakte het voor de classis niet gemakkelijk de knoop door te hakken, te meer nu de kerkeraad en gemeente van *Breda* zich met alle macht tegen de losmaking van Ds. Hanecop verzetten.

Ds. Muysholius voerde voor deze partij het woord, daarin bijgestaan door de ouderlingen Dr Sebastiaen Nivellius, rector der Latijnse school aldaar [2]), Paulus Sebastiaensen en Jan Govertsz. Genoemde predikant verklaarde nu, dat het beroep van Ds. Hanecop naar Rotterdam tot tweemaal toe „finalyck" was afgeslagen, en dat wel om de vier volgende redenen: de hoge leeftijd van de oudste der drie Bredase predikanten, Ds H. Boxhorn; het deputaatschap van hem, spreker, die dikwijls werd afgevaardigd naar de Synode en naar Den Haag, waardoor hij geen volle kracht voor de gemeente Breda kon zijn; daardoor kon Ds Hanecop nog des te bezwaarlijker worden gemist. Daarbij kwam, dat het beroepen van een andere predikant in Ds Hanecop's dienst op grote bezwaren zou stuiten, nu vooral „alzoo *Breda* een *frontierstadt* is ende *den Trefves, nu bijna ten eynde,* sij mogelick in desen tijt, daer soo groot gebreck van Predicanten is, soo lichtelick daer aen tot hare contentement niet en zouden connen geraken, nieuwers zoo wel niet als die van Rotterdam, die midden in het landt gelegen zijn".

Als derde reden gaf Ds Myusholius op, dat de fungerende ouderlingen door verscheidene gemeenteleden waren aangesproken, om krachtens hun ambt van toezieners der gemeente Ds Hanecop niet uit Breda te laten vertrekken: ook de oude, d.w.z. afgegane kerkeraadsleden bewilligden niet in zijn ontslag. Ten slotte – en dat was de vierde reden – had ook de magistraat Ds Muysholius opgedragen uit de naam van dit college aan de classis te doen weten en verzoeken om Ds Hanecop niet van zijn gemeente los te maken, want Breda kon hem niet missen, wel een bewijs hoe de beroepene hier alom zeer werd gewaardeerd. Onder de omstandigheden, dat het bestand ten

---

[1]) Deze houding van Ds. Hanecop wijkt wel sterk af van de tekening van zijn persoon door Vondel in het bekende gedicht. Vgl. R. C. Bakhuizen van den Brink, *Vondel met Roskam en Rommelpot*, 4e druk 's-Gravenhage 1891, blz. 47 vlg.

[2]) Vgl. over hem M. A. Nauwelaerts, *De oude Latijnse school van Breda*, 's-Hertogenbosch, 1945, blz. 43, 53, 55, 63, 197–198.

einde liep, de Rooms-Katholieke en Lutherse burgers van Breda volgens deze woordvoerder zich te grote vrijheden veroorloofden, ,,selfs binnen de atadt van Breda'', was het alleszins nodig zulk een gewaardeerde kracht als Ds Hanecop voor de Hervormde gemeente ter plaatse te behouden.

Maar de Rotterdamse deputaten brachten in het midden, dat zelfs prins Maurits als *Heer en Baron van Breda* zijn medewerking wilde verlenen, om de beroepene aan hun gemeente te verbinden. Want zij waren ook in Den Haag bij de Prins geweest en rapporteerden omtrent dit onderhoud, ,,hoe dat sijne Furst. Gen. over dit stuck aengesproken zijnde, haer hadde permissie gegeven van vrijelick te arbeijden om D. Hanecopium te krijgen: dat sijne Furst. Gen. haer niet en zoude tegen zijn, doch dat de selve, om redenen, haer geen voorschrijven en konde geven, waer uijt sij meynden te besluyten, dat sijne F.G. wel met dese saeke te vrede was'', De Bredase classis verstond uit deze houding van de Prins echter, dat hij ook deze beroepingskwestie als een interne kerkelijke aangelegenheid wenste beschouwd te zien, waarin hij zich als collator van de Kerk te Breda geen partij wilde stellen, doch de beslissing overliet aan de desbetreffende kerkelijke instanties.

Ook, na deze redenen en tegenredenen gehoord te hebben, bleef Ds. Hanecop in het onzekere verkeren om een besluit te nemen, ,,dan verclaerde als voren sich selven perplex in de saecke te vinden ende niet te connen sich naerder verclaren, dat hij de saecke den Broederen beval om te verwachten, wat sij daer inne zouden statueren''. De Rotterdammers beweerden echter, dat hij zich tegen hen wel wat meer positief had uitgesproken en wendden daarom nu nog eens al hun overredingskracht aan, om zijn bereidverklaring en de toestemming van de classis te verkrijgen. Opnieuw werden partijen gehoord, doch men kwam niet verder en daarom werd besloten de zaak de daarop volgende dag, 31 October 1619, af te doen, waarmee reeds 's morgens om zeven uur een aanvang werd gemaakt. Ds. Hanecop leidde toen de besprekingen in, ,,in presentie vande Ouderlingen der stadt Breda, doch sijn propoost was in substantie niet verscheijden van 't geene hij 's daeghs te voren hadde geseght''. Ook nadat de consistories van de beide betrokken gemeenten, die van Breda en van Rotterdam, nog eens waren gehoord, kon hij geen positief besluit nemen en bleef op twee gedachten hinken, in verband waarmee de classis zich ten slotte genoodzaakt zag, om dan maar voor hem een besluit te nemen en wel dit, *dat Ds. Hanecop te Breda zou blijven*, voornamelijk om de beide volgende redenen: uit zijn houding kon niet blijken dat hij een ,,inwendige roeping van den Heere" had; en voorts zou door zijn vertrek de gemeente Breda in een hoogst moeilijke, om niet te zeggen desolate toestand geraken. De Rotterdamse deputaten, weinig tevreden met deze uitslag van hun zending, verzochten van de resolutie der classis acte, die hun in de volgende vorm werd verleend en welke hier om het belang der zaak naar de tekst wordt meegedeeld:

,,De Classe van Breda, gesien hebbende het beroep gedaen op den persone haeres lieven ende weirden medebroeders D. Cornelij Hanecopij, waer bij de selve beroepen wert tot ordinaris Dienaer der Gemeynte Christi binnen de Stadt Rotterdam, ende den selven D. Hanecopium daer over gehoort, welcke verclaert gantz perplex in dese saecke te sijn, ende niet te connen verclaren, waer toe sijn gemoet meer getrocken wordt, om te blijven ofte om te vertrecken. Soo ist, datse, niet tegenstaende de redenen, bij de Gecommitteerde der kercke van Rotterdam geallegueert, welcke sij erkent van geen kleijne gewichte te zijn, niet tegenstaende oock het veelvuldigh aenhouden ende obtesseeren der selver Gecommitteerde, niet verstaen nochte goet gevonden en kan (worden), dat Hanecopius van hier derrewaerts zal vertrecken. Eerstelick, om dat haer niet en blijckt, dat D. Hanecopius voorn. inwendich getrocken oft geroepen wort. Ten anderen, om dat haer wel bekent is, in wat desolaten stant de kercke van Breda door sijn vertreck zoude comen te vervallen, ende dat, mits den hooghen ouderdom D. Boxhornij ende het deputaatschap D. Muusholij, waer door sijne E. nootsakelick, vele tijts moet absent zijn, ende noch verscheydene andere gewichtige consideratien, bij die vande kercke van Breda door hare Gedeputeerde den Classi bekent gemaeckt: welcke Gedeputeerde oock met eenen verclaerden, dat nocht' oude nochte nieuwe kerckenraet en conde bewilligen in sijn vertreck; ende voorts vertoont de groot alteratie ende droefheijt alrede in de gantze Ghemeynte ontstaen, alleenlick uijt het geruchte van sijn beroep. Waer bij noch comt, dat de E. Magistraet der stadt Breda geensins consenteren en wilt in sijne dimissie, gelijck als sij daeromme de Broederen des Classis van harent wegen heeft laten vermanen ende aensoecken, datse doch in alle manieren zouden arbeijden om D. Hanecopium te behouden.

Actum in onse classicale vergaderinge den 31en Octobris Ao. 1618.

(Was ondertekent bij den Praesidem (Gualterus Pomeranus) ende Scribam (Antonius Plancius)".

Nauwelijks was deze zaak afgehandeld of Ds. *Verhoeven* van *Terheijden* bracht rapport uit over de schout van zijn woonplaats, die Prins Maurits bij herhaling in het openbaar zou hebben beledigd, *omdat deze vorst de Hervormde godsdienst in de Bredase Baronie had toegelaten* „ende dat hij, schouteth aldaer oneerlijck ende leelijck van sijne Vorst. Gen. zoude hebben gesproken", De aanklager werd opgedragen, om deze beschuldigingen op papier en in de vorm ener „depositie" of acte te brengen, opdat Ds. Muysholius ze bij de stukken van de classis ter synode kon overleggen. Ook Ds. *Plancius* van *Oosterhout* had zaken van die aard mede te delen, o.m. dat de pastoor en secretaris van Oosterhout onder enkele wankele leden der Hervormde gemeente afvalligen trachtten te maken door voor te geven, dat met het eindigen van het Bestand de macht toch weer aan de Koning van Spanje zou komen! De classis wees in verband met deze en dergelijke mededelingen er nog eens op, „dat bij aldiense te huys comende, eenige swaricheden, huius generis, bij den haren mochten vernemen, de selvige metten eersten aen D. Muusholium voorn. ofte oock aen Plancium als classis scribam over te seynden". Stonden die klachten op schrift, dan kon men er des te beter de Prins en ook de Synode mee op de hoogte stellen en maatregelen tegen eventuele gezagsondermijning en conspiratie nemen.

De kwestie van de priester, die in Zundert was gekomen, om daar in ondertrouw te worden opgenomen en zich bij de Hervormde gemeente te voegen, was door Ds. Boxhorn te Breda wel op een eigenaardige, doch der classis minder welgevallige wijze opgelost. Immers, terwijl dit college de predikant ter plaatse, Ds. *Falconarius*, had geadviseerd om eerst ter dege te informeren, of de trouwlustigen beiden „vrije personen" waren, voordat hij verdere stappen deed, hadden de betrokkenen zich tot genoemde Bredase predikant gewend en van hem verzocht getrouwd te worden, waartoe deze zich had laten verleiden zonder voldoende informaties en bewijs van hun proclamatie der huwelijksafkondiging voor de Zundertse gemeente te hebben gevraagd. De classis was over het eigenmachtig optreden van Ds. Boxhorn in deze aangelegenheid dermate ontstemd, dat zij besloot, om hem daarvoor door zending van Ds. Lanius en Ds. Plancius ter verantwoording te roepen.

Voor de gecombineerde gemeente *Chaam* en *Ginneken* werd het nog ditzelfde jaar 1619 moeilijk, doordat de gemeente van *'s-Graven-moer* Ds. *Lanius* tot haar predikant begeerde, die zelf ook tot dit beroep zich genegen had betoond, ,,overmits hij meijnde dat hij tot Sgravenmoer sijne studien beyde tot sijn eijgen voordeel ende stichtinge der Gemeynte beter soude connen waernemen ende oock omdat indie grootere gemeynte oock meer vruchten te verwachten waren als tot Chaem". Ds. *Johannes* (*Snetenus*) en Ds. *Johannes Dammannus*, respectievelijk predikanten te *Besooien* en *Made*, kwamen dan ook zijn dimissie namens de classis Dordt van de Bredase classis vragen, waartegen de ouderlingen van Chaem en Ginneken zich echter in dezelfde vergadering verzetten o.m. door dit motief aan te voeren, dat Ds. Lanius nog maar kort als hun predikant in deze gemeente werkte, weshalve zij verzochten om hem te mogen behouden, aangezien ,,sij midden onder hare vijanden waren gelegen". Maar deze omstandigheid kon nochtans niet verhinderen, dat de classis het beroep van de 's-Gravenmoerse gemeente op Ds. Lanius wettig en oorbaar achtte, aangezien vele gemeenten in Brabant zich in gelijke conditie bevonden. Alleen kon niet toegestaan worden, dat Ds. Lanius zijn gemeente verliet, vóór aldaar in zijn plaats weer een opvolger zou zijn verkregen. Door het geringe aantal predikanten, dat zich bij het aflopen van het Bestand beschikbaar stelde voor de Brabantse gemeenten, wijl men aldaar bij een eventuele hervatting van de krijg het meest beducht kon zijn voor verdrukking van het Protestantisme, verdrijving der predikanten en vernietiging van de door hen opgebouwde gemeeRten, bleek ook deze voorwaarde op de duur niet gehandhaafd te kunnen worden, zodat de gecombineerde gemeente Chaam en Ginneken sedert de aanvang van 1620 geruime tijd vacant bleef en toen meest vanuit Breda moest worden bediend.

Het was dan ook vooral deze omstandigheid, welke de predikanten in dit ressort voortdurend bezighield en waarover in bijna alle opvolgende classicale vergaderingen besprekingen werden gehouden of resoluties werden opgesteld. Wat zou er gebeuren met de gemeenten, de predikanten en de thans verworven vrijheden in godsdienstig en kerkelijk opzicht, als straks in het Brabantse land de oorlog aan weerskanten werd hervat? Deze kwestie werd om begrijpelijke redenen van zulk een primair belang geacht, dat ze de andere vraagstukken en de ter tafel gebrachte onderwerpen wat naar de achtergrond drong. En hoe hierover vooral met Prins

Maurits werd gecorrespondeerd en geconfereerd, dienen we wel inzonderheid te vermelden. Deze kon als vorst van een veroverd gebied, waarin zowel Protestanten als Rooms-Katholieken woonden, natuurlijk niet voldoen aan de stringente eis, welke thans Hervormde classes uit vrees voor de maatregelen van Spanje's vorsten bij het voortzetten van de krijg, vooral in het Zuiden van het land, stelden als vroeger de meeste R.K. geestelijken hadden gedaan, namelijk de handhaving van één enkele godsdienst met uitsluiting van alle andere kerkelijke gezindten [1]. Alleen in het geval, dat de ene partij de andere zou trachten te verdrukken en overheersen, of dat men van Rooms-Katholieke zijde blijk zou geven te heulen met de vijand over de grenzen, nam de Prins zich voor en zegde dit ook toe, krachtig bijstand te zullen verlenen aan de Hervormde classes en gemeenten, zonodig met het veranderen der plaatselijke regering en daarmee verbonden R.K. schouten en andere officiële functionarissen door Protestantse te vervangen, dit laatste echter uitsluitend ter handhaving van de veiligheid van het land [2]. We zullen spoedig zien, dat dit een enkele maal nodig bleek, aangezien er hier een schout was, die de Staten-Generaal voor rebellen schold en daar priesters, die hun parochianen tot openlijke opstand tegen het bestaande gezag in de Republiek ophitsten.

---

[1] Speciaal wat de Hervormde gemeente te Breda betreft, werd daarop – maar ook ditmaal tevergeefs – aangedrongen in de classicale bijeenkomst van 4 Nov. 1620, blijkens het volgende besluit: ,,Zijn mede deselve (t.w. Ds. Boxhorn en Ds. Plancius) gedeputeert, om den Ed. Heere Drossaert te gaen salueren ende hem voorhouden, hoe dat sijne Vorst. Genade, doe hij laestmael te Breda was, zijnde geraeckt in propoost vande Paepsche officieren etc., daernae als voorgeworpen wierdt, datmen in de veranderinge vande Wet wel zoude kunnen de Paepsgesinde bequaementlick weeren ende andere, vande Gereformeerde religie zijnde, in hare plaetse stellen, daer op antwoorde: Dat salmen wel doen. Oversulx of het sijne Ed. zoude ongeraden duncken, het zelve tegen aenstaende veranderinghe der Wet sijne Vorst. Genade vorengemelt eens indachtigh te maecken'', Uit verdere gesprekken met de Prins over deze kwestie bleek echter, dat diens woorden: ,,Dat zal men wel doen'', moesten worden verstaan in de zin van: Dat zou men wel willen, nl. van de zijde der Hervormden, doch ook Zijne Hoogheid hield zich aan de bepalingen van het Bestand, om geen van beide gezindten onrecht aan te doen.

[2] Men vergelijke de gravamina nrs. 31 en 32 onder artt. 89 en 90 namens de classis Breda ingediend bij de Provinciale Synode van Zuid-Holland te Gouda, gehouden op 4 Aug. 1620 en volg. dagen: ,,Dat in het uytgaen van de treves het landt van Breda van alle afgoderie mochte ghesuyvert, de papen gheweert ende in ghevallen van oorloghe de dienaren nyet beschadight en worden; Reformatie van de officieren, schouten, secretarissen ende wethouderen in dat landt van Breda'' Reitsma en Van Veen, Acta der Prov. en Partic. Synoden, III, 453; Oudste Classisboek Breda, fol. 33 vo (op 30 Juni 1620). Men kwam ook toen daarmee niet verder dan dat de deputaten der Synode deze verzoeken aanhangig zouden maken bij de Staten-Generaal, doch de gematigde partij verklaarde zich natuurlijk tegen zulk een excessieve eis!

Intussen was *Didericus Voetius*, rector der Latijnse school te Heusden en broer van de later zo bekende theoloog Gijsbert Voetius, door de classis Breda toegelaten, om voor haar gedeputeerden het proponentsexamen af te leggen, terwijl in dezelfde classisvergadering 23 April 1620 te Oosterhout gehouden, weer eens een twist moest worden beslecht tussen Ds. Boxhorn en Ds. Baiardus, predikant der Waalse gemeente te Breda, die met zijn ouderlingen Mr. Servaes en Mr. Jan Gedeons ,,vande fransche Kercke aldaer mede opden classe zijn verschenen, versoeckende aende classe remedie over sekere on-eenicheyt, tusschen D. Baiardum voornoemt en D. Boxhornium geresen, *daer bij vele debatten aen beyde sijden sijn gevallen*".

Het leek er veel op, dat de strijdlustige Ds. Boxhorn ondanks het klimmen zijner jaren nog onvermoeid bezig was om bij voorkeur te zoeken naar wat scheidde dan naar wat bond en samenvoegde. Doch de tijd van kerkelijke geschillen en voortdurende wrijving over allerlei godsdienstige kwesties was er toen ook wel naar, om aan zulk een neiging steeds weer voedsel te geven.

Ook werd in hetzelfde jaar nog eens een poging gedaan, nu door de gemeente van *Gouda*, om *Ds. Hanecop* uit *Breda* weg te halen. Ook te Gouda was in de gemeente grote onenigheid ontstaan tus-sen de Remonstranten en Contra-Remonstranten en het dreigde zelfs zó ver te komen, dat de gelovigen van een en dezelfde gemeente elkaar niet langer konden en wilden verdragen, zodat ook geen predikant, die een beroep ontving, tegen deze maalstroom durfde oproeien. Toen echter een beroep op Ds. Hanecop werd gedaan, meende deze, de nood der Hervormden te Gouda aanziende, niet te mogen weigeren en aanvaardde het op hem uitgebrachte beroep. Doch dezelfde moeilijkheid als in October 1619 met het door de gemeente van Rotterdam op hem uitgebrachte beroep deed zich nu nog geen jaar later weer voor: de kerkelijke noch de burgerlijke overheid te Breda wilde hem loslaten evenmin als de Classis. De gemeente van Gouda bracht nu de beroepingskwestie voor de Syno-de, die zoals reeds werd gemeld, in Augustus 1620 in die stad werd gehouden.

In deze omstandigheden – het was op de classis vergadering van 21 Juli, te Zundert gehouden, – werd een brief voorgelezen, door Ds. Boxhorn namens de kerkeraad van Breda geschreven, waarin de hulp der classis door bijzondere interventie bij de Synode aldus werd in geroepen, n.l. om ,,te willen continueren in hare goede ende goddelicke resolutie ende de broeders, die tot den Synodum sullen gedeputeert worden, te belasten, datse den Eerw. Synode vande eendrachtige resolutie der E. E. Heeren Magistraten der Stadt van Breda mitsgaders des Kerkenraets aldaer ende oock des Classis verwittigen ende deselve bidden, om soo vele wichtighe redenen, den Classis bekent, het onredelick versoeck van die van ter Goude te willen afslaen". De classis verklaarde zich dadelijk bereid, „in faveur vande kercke van Breda te doen alles wat haer mogelick is ende selfs oock begeerich zijnde, om D. Hanecopium bij haer te behouden, sal den geenen, die se committeren sal op de Synode voorsz., de selve saecke gantz eernstlick belasten". Ook nu bleek weer, hoe zeer men in Breda algemeen aan deze Hervormde predikant hing en welk een belangrijke plaats hij in de harten zijner gemeenteleden innam, zodat de spotlustige Vondel niet zonder reden van Ds. Hanecop kon zeggen:

> „En nu kraait hij vroeg en spa
> Op de toren van Breda".

Maar de Synode bleek bij de behandeling dezer beroepingskwestie wel wat al te eenzijdig de belangen van de Goudse gemeente te willen behartigen, hoe zeer men vanuit Breda dan ook alle gewichtige redenen bijeen bracht, dat men aldaar de geliefde predikant nog niet kon missen.

Min of meer om het consistorie aldaar te noodzaken, de eis der synode op te volgen, werd dit college, met Ds. Hanecop gedagvaard, om binnen enkele dagen ter Synode binnen te staan. Aan deze eis werd echter geen gehoor gegeven en ook Ds. Hanecop kreeg geen vrijheid, om naar Gouda te reizen, dit op instigatie van de magistraat van Breda, welks leden zich op deze wijze in bedenkelijke mate het recht aanmatigden om in zuiver kerkelijke aangelegenheden zich partij te willen stellen, aangezien, zoals zij voorgaven, de Synode van Zuid-Holland geen macht zou hebben over de stad Breda, om haar predikanten te zenden, waar het haar gelieven zal! Doch de Synode liet zich evenmin door zulk een ongegrond motief in een hoek dringen en nogmaals werden de Bredase broederen ter Synode verzocht met het beroep op het recht van dit college, dat het wel degelijk het recht had om partijen in kerkelijke kwesties voor zich te doen verschijnen en te horen op een tegeneis.

De Synode wenste echter ook de gemeente Breda ter wille te zijn

door te bepalen, dat in verband met de hoge leeftijd van Ds. Boxhorn en de voortdurende afwezigheid van Ds. Muysholius als ver-
moedelijke oorzaken, waardoor Ds. Hanecop niet kon worden gemist, de Goudse predikant Ds. Bartholomeus Nicolai zolang in
Breda de plaats van Ds. Hanecop zou innemen, gedurende de tijd
dat deze ter Synode moest zijn. Ds. Nicolai kwam inderdaad te
Breda, voldeed aan zijn opdracht, trachtte te Breda de betrokken
instanties voor het Goudse beroepingswerk te winnen en keerde na
enige weken ter Synode terug, om aldaar rapport uit te brengen.
Doch ook hij moest erkennen negatieve resultaten te hebben bereikt
en ,,datter geen apparentie en was om Hanecopium tot haren predicant te becomen, ende dat dienvolgens die van de kerck ende
d'achtbare magistraet van der Goude waren geresolveert het daerbij
te laten blijven, bedanckende d'E vergadering voor de hulp aen haer
bewesen". Wederom bleef dus Ds. Hanecop voor zijn gemeente
Breda behouden, die zich nog tot aan de verovering der vesting door
Spinola in 1625 in zijn getrouwe dienst zou mogen verheugen.

Nadat de proponent Didericus Voetius tot het examen in de
classis Breda was toegelaten, waartoe bovendien de predikant van
Aalburg, Ds. Joh. Cloppenburg, een testimonium van aanbeveling
had ingezonden, klopte ook zekere Mr. Hendrik, toen schoolmeester
te Breda, aan bij de classis. om het praeparatoir examen te mogen
doen en zich daarna in het preken te oefenen. Deze candidaat
heette voluit *mr. Hendrik Hechtermans*, die vóór 1615 *kapelaan* was
geweest te Maaseick, doch sindsdien was overgegaan naar de Hervormde kerk en nu probeerde, om deze als predikant te dienen.
Doch zijn gaven bleken zelfs niet aan minimale eisen voor het predik-
ambt te voldoen, in verband waarmee de Classis hem de raad gaf òf
zich maar bij het schoolmeesteren te bepalen òf voorlopig door
studie zich te bekwamen voor een volgend examen.

In de lage predikantsbezoldiging, vooral ten plattelande, kwam
ook nog geen verbetering ondanks de interventie van de Prins, die
door zijn secretaris Huygens aan Ds. Verhoeven als gedeputeerde
der classis Breda deed meedelen, dat het college beter deed nog
even te wachten, daar de zaak der bezoldiging voor het Hollandse
platteland toen een onderwerp der beraadslagingen uitmaakte van
de Gecommitteerden, hetwelk afgehandeld zijnde, voor de Brabantse predikanten al licht gunstiger gevolgen zou hebben dan wanneer
deze nu tegelijk met hun request kwamen. Immers op de nieuwe

basis der salarissen voor de Hollandse predikanten ten plattelande kon dan ook een overeenkomstige schaal voor Brabant worden vastgesteld, een voorstel, waarmede de classis gaarne accoord ging.

De gecombineerde gemeente van *Chaam* en *Ginneken*, die in November 1620 de classis in vergadering had moeten ontvangen, doch nog steeds geen predikant had kunnen krijgen, waardoor de classis toen *ten huize van Ds. Hanecop in Breda*[1]) bijeen kwam, liet door enige deputaten het college de volgende beide voorstellen in behandeling nemen: 1. hulp en bijstand tot het verkrijgen van een eigen predikant, nu vooral omdat de winter met zijn moeilijke reisgelegenheid voor de deur stond en het Bestand spoedig geëindigd zou zijn; 2. medewerking tot het verkrijgen van de kosterij, waaraan was verbonden de betrekking van schoolmeester, die ook hier R.K. was en daardoor geen kostersfunctie in de Hervormde kerk kon verrichten. Zij hadden daartoe reeds een request gepresenteerd aan de Raad van State, doch daarop een afwijzende beschikking ontvangen, aangezien de Raad, zolang het Bestand duurde, geen wijziging wenste te brengen in de functies, door leden van beide gezindten op het Brabantse platteland vervuld.

In de steden was dit anders, want daar stonden dergelijke posten ter begeving van de magistraten. De classis, rekening houdende met de ligging van het dorp Chaam, erkende wel de bezwaren der gemeente aldaar, vooral dat zij nog steeds geen eigen predikant in de plaats van Ds. Lanius had, doch verklaarde „dat d'oorsake daer van was dese, dat het bestant ten eynde loopt, weshalven het oock wel apparent is, dat noch niet lichtelick yemant te vinden sal sijn, die, de saken dus staende, daer sal willen comen metterwoon, doch dat de classis haer debvoir doen sal, dat sij, soo haest mogelick, met eenen eygenen dienaer werden versorght". Maar ter zake van de kosterij en het schoolmeesterschap achtte de Classis het geraden, om voorlopig geen verdere stappen te doen en zich te onderwerpen aan de beschikking van de Raad van State. Vorengenoemde candidaat Hendrik Hechtermans, gewezen kapelaan van Maaseick, wilde wel naar Chaam, doch de classis bevond zijn proefpreek wel „dogmaticq' doch niet populair genoech", zodat hij zijn oefeningen voorlopig nog moest voortzetten [2]).

---

[1]) In die tijd werden de vergaderingen der classes nog dikwijls gehouden ten huize van predikanten en ook wel, vooral in de steden, „bij den weert", dus in herbergen.

[2]) In deze volgorde werd Chaam-Ginneken door de classis Breda bediend: Zondag 8

Ook voor de andere Hervormde gemeenten op het Brabantse platteland werd gestreefd naar beveiliging van persoon en goederen door samenwerking met de classis Tholen-Bergen op Zoom en de Langstraatse ring van de classis van Dordrecht, dit met het oog op te verwachten politieke veranderingen en oorlogstoebereidselen, als het Bestand zou zijn geëindigd. *Ds. Lemnius* van *Prinsenland* kreeg daartoe opdracht van de Bredase Classis, om zich te verstaan met de naastliggende gemeenten, ressorterende onder de classis Tholen; „wat des aengaende in het Marquisat van Berghen zij gedaen ofte gedaen zal worden", hetgeen eveneens aan *Ds. Plancius* werd aanbevolen voor de *gemeenten* in de *Langstraat,* opdat in de eerstvolgende vergadering daarover verder zou kunnen worden beslist.

Ook in het *Brabants deel der Dordtse classis* deden zich de gevolgen gevoelen van deze onzekere politieke toestand door de verschillende vacatures, welke niet of minder vlug dan gewoonlijk werden bezet. De gemeente van *Besooijen* bleef daardoor op die van *Sprang* aangewezen; in eerstgenoemde plaats werd des Zondags al om 8 uur gepreekt en te Sprang om 10 uur. *Fijnaart* zou weldra in *Ds. Radaeus* zijn nieuwe herder kunnen begroeten, terwijl *'s-Gravenmoer,* als hiervoor reeds werd medegedeeld, *Ds. Cornelius Lanius* in het voorjaar van 1620 als zijn lang begeerde predikant ontving. Maar *Zevenbergen* had een zwaar verlies geleden door het overlijden van *Ds. Hogius,* in wiens plaats niet zo spoedig een gelijkwaardige kracht zou gevonden kunnen worden. In de Aprilvergadering der Dordtse classis kwamen dan ook twee afgevaardigden van de Zevenbergse gemeente om zo spoedig mogelijk in de daar ontstane vacature te voorzien, terwijl mede de bezetting van het kostersambt daar nog steeds niet geregeld was, want de beide afgevaardigden klaagden: „Alsoo haren koster een formeel Papist ende geswooren vijant der gereformeerde kercke ende oversulcx niet alleen gantsch ongerievelick, maer oock onhabijl ende onstichtelick tot soodanigen ampt is, dat de vergaderinge eenighe persoonen uyt midden van haer beliefde te deputeren, dewelcke sich eerst daegs tot Sevenbergen ver-

---

November 1620 Ds. Boxhorn; vervolgens Ds. Muysholius; daarna Ds. Hanecop, allen van Breda, gevolgd door de predikanten van Terheijden, Roosendaal, Leur, Oosterhout, Zundert, Dinteloord, „een yeder sijne behoorl. beurte waernemende opde verbeurte van drie guldens t'elcken reyse ende sullen de Broeders hare onkosten, die se hierinne doen sullen, te rekeninghe brenghen van de classis", welke de inkomsten uit deze vacante gemeente zou trekken om haar tekort te suppleren.

vougende, neffens den kerckenraet aldaer mochten arbeyden, dat inde plaetse vanden voorn. een ander bequaem persoon int koster-ampt mocht werden gestelt". Ook deze omstandigheid maakte de vervulling van de te Zevenbergen bestaande vacature niet gemakkelijk.

Voorlopig werd de oplossing gevonden in deze zin, dat de predikanten van de *Overwaterse ring* [1]) om beurten zich een Zondag zouden vervoegen te *Zevenbergen*, om daar de morgen- en middagbeurt waar te nemen, dat voor de troost der kranken een vaste ziekenbezoeker zou worden aangesteld en dat in de zaak van het kostersambt overleg zou worden gepleegd met de Gecommitteerde Raden van Holland, waarvan een tweetal „eerstdaechs tot Sevenbergen verwacht worden".

Te *Fijnaart* bleek men al spoedig zeer ingenomen met *Ds. Adrianus Radaeus*, nadat deze aldaar in het voorjaar van 1620 was bevestigd. Ten behoeve der predikanten, „opde *frontieren* wonende", riep ook de classis Dordt bij het beeindigen van het Bestand de hulp en bescherming der Heren Staten van Holland en der Staten-Generaal in, opdat, zoals het daartoe strekkende request luidde, „de broederen, grensende aen de *palen vande vijant*, tegen alle peryckelen des oorloghe behoorlicken souden mogen werden versekert ende beschermt". Dit gold natuurlijk vooral de predikanten van de Overwaterse en de Langstraatse ring [2]). En om de vacante gemeenten weer ten spoedigste te voorzien van eigen predikanten, werd door de classis, die zelf bijna geen gerecommandeerde predikanten meer had, geschreven naar de senaat der Leidse hogeschool, de classes in Noord-Holland en aan de theologische faculteiten te Franeker en Groningen, „of aldaer eenige bequaeme studenten ofte oock predi-

---

[1]) Tot de Overwaterse ring der Dordtse classis behoorden toen de volgende gemeenten: Geertruidenberg, Klundert, Zevenbergen, Willemstad (steden); Fijnaart-Heiningen, Hooge en Lage Zwaluwe (dorpen); verder de dorpen, die in de aanvang der 17de eeuw tot de Langstraatse ring werden gerekend: Besooijen, Kapelle, Drimmelen, Dussen, 's-Gravenmoer, Made, Raamsdonk, Sprang, Waspik; vgl. P. Scheltus, *Kerkel. Placaatboek, dl. I*, fol. 184; Gesch. Atlas v. Ned., kaart 10.

[2]) Vgl. P. Scheltus, *Kerk. Placaatb.*, dl. II, fol. 168: Resolutie nopende een predikant in de Langestraat 7 Dec. 1604. Op de requeste, gepresenteerd bij de Gedeputeerden ter Synode van Zuid-Holland is geappoincteert: De Staaten van Holland en Westvriesland hebben geconsenteert en geaccordeert, dat den Dienaar des Goddelijken Woords in de Dorpen van de Langestraat ter plaatse des oorbaarst sal worden bevonden, sal moogen worden gesteld, mits dat gelet worde *dat hy met goede Sauvegarde worde voorsien, opdat sijn Persoon niet koome in dangier*". Dergelijke besluiten werden ook voor andere gemeenten in Brabant, welke in soortgelijke omstandigheden zouden komen te verkeren, zowel gedurende als na het Bestand genomen.

canten sijn, die haren dienst in onsen classe wilden laten gebruycken ten eynde dat wy daer van metten eersten soude mogen werden verwittigt".

En het was wel nodig, dat de classis er haast mee maakte, om de vacante gemeenten weer aan predikanten te helpen, want in *Sprang*, dat door het vertrek van *Ds. Torrentinus* nu ook nog herderloos was geworden evenals *Besooijen*, geraakte de Hervormde gemeente reeds in verval, zodat in de Juli-classis van 1620 te Dordrecht bijvoorbeeld moest worden gerapporteerd, dat in Besooyen „haer gehoor al grootelycx afneemt ende de gemeynte verstroijt", iae eenige selfs beginnen sich in de paepsche kercken te begeven". Gelukkig was de Classis in staat gesteld door de hulp van een uit *Engeland* overgekomen predikant, *Ds. Nicolaus Russius*, voorlopig althans Besooyen te kunnen verzorgen, doch nu klaagden de gemeenteleden weer, dat zij hem moeilijk konden verstaan en dat „de kercke van Besoijen haer wat gestooten heeft aen sijn tael, *dewijl die soo plat neerlants niet en viel, dat de broeders sijnen dienst in eenighe andere plaetsen soude gelieven te gebruycken*". De kwestie der spreektaal of tongval van de te beroepen predikant kwam toen nog niet dikwijls in het geding, maar hier is het vermakelijk te vernemen, hoe de plattelandsgemeente en de gedeputeerden der classis te dezer zake in hun oordeel verschilden. Want ook de „vergaderinghe", waarmee hier natuurlijk de classis wordt bedoeld, wilde hem nu horen, zodat Ds. Russius na zijn proefpreek te Besooijen nog eens optrad in de Augustijnerkerk te Dordrecht voor een door studie en taalgevoel meer geschoold en geselecteerd publiek, „op dat deese vergaederinghe hem gehoort hebbende, haer te meer soude connen verseeckeren van sijn *tael*, ten eijnde sij hem te eerder soude connen avanceeren". En thans bleek het tegendeel n.l., „dat sijn tael plat genoech valt, iae (dat men) qualyc mercken can dat hij een Engelsman is, *alsoo dat het maer een coleriqheyt* [1]) *is geweest van die van Besoyen*". Met die boodschap werden Willem Goyers Jager, ouderling en Corstiaen Willemsz. diaken van de gemeente van Besooijen, naar huis gezonden, doch aan Ds. Russius zouden zij niet verder aanstoot hebben te nemen.

Want zijn preek werd dermate gunstig beoordeeld, dat de classis hem verzocht voorlopig in Dordrecht te blijven wonen en zich te harer beschikking te stellen, om bij de vervulling van de vele

---

[1]) Een echte Brabantse benaming voor ingebeelde tegenzin, hetze!

vacature-beurten te helpen en zo spoedig mogelijk aan een eigen gemeente te worden geholpen. Hij stemde daarin toe onder zekere voorwaarden, die hier niet ter zake doen.

Intussen was tot overmaat van ramp ook nog Ds. *Bisschop* van *Geertruidenberg* overleden, lange tijd een der steunpilaren van het kerkelijk, godsdienstig en geestelijk leven in West-Brabant. In de Juli-Classis 1620 stond in verband met dit overlijden binnen Johan Willems Schuijfhil, oud-burgemeester en president-schepen van Geertruidenberg, als daartoe gedeputeert zijnde van schout, burgemeester en schepenen, om de beroeping van *Ds. Joh. Snetenus*, ,,predicant opde *Made* ende assistent vande stadt Geertrudenberch'', goed te keuren. Dit assistentschap moet opgevat worden in deze zin, dat Ds. Snetenus nog tijdens het leven van de oude Ds. Bisschop werd aangenomen als collega ter assistentie bij de dienst des Woords te Geertruidenberg, om daar in de week te prediken, aangezien de volle dienst de bejaarde pastor loci te zwaar viel [1]). En nu in 1620 werd op deze Elisa de mantel van zijn grote voorganger geworpen, die als een andere Elia niet ophield met vermanen, getuigen en op te bouwen, die van de gemeente Geertruidenberg een bolwerk van het Protestantisme in West-Brabant had gemaakt en door zijn trouwe gemeenteleden dan ook diep werd betreurd als een herder, die noode gemist kon worden [2]).

Te *Zevenbergen* wilde het nog maar steeds niet vlotten met het vinden van een geschikte predikant voor de gemeente aldaar. Er was nog in of vóór September van genoemd jaar een beroep uitgebracht op de pas te *Fijnaart* bevestigde predikant *Ds. Radaeus*, dat bij monde van Dirck Adriaensz, Matthijs Matthijsz., Anton Mal en Adriaen Buyck ter kennis van de classis werd gebracht, doch dit college verzette zich om begrijpelijke redenen tegen een dergelijk beroep, ,,gemerckt D. Radaeus maer een half iaer op sijn plaets hadde ghestaen ende sij de geneegenheyt nader ondersoeckende, bevonden

---

[1]) Vgl. behalve de classicale acta in Classisboek E op genoemde datum (Kerkelijk Archief Dordrecht) ook I. v. Nuyssenburg, *Korte beschrijving van Geertruidenberg*, Dordrecht 1774, blz. 193.

[2]) Van zijn rechtzinnige overtuiging had hij nog in April 1620 blijk gegeven, toen hij, reeds ziek zijnde, de Classis een brief had doen toekomen, waarin hij verzocht hem de acte van ondertekening en verklaring der Nationale Synode ter ondertekening te doen toekomen, ,,vermaent oock voorders de broederen tot stantvasticheyt int hanthaven der waerheyt ende wettelycke ordre der kercken tegen de Remonstrantsche ende dergelijcke verstoorders der selve''. Twee predikanten, die de kerk te Raamsdonk moesten visiteren, overhandigden hem het verlangde stuk te Geertruidenberg en bedankten hem namens de classis voor zijn vermaning.

dat hij gants daer toe niet verstonde". Ofschoon de afgevaardigden er nog een paar maal door tegenredenen aan te voeren op aandrongen om toch Ds. Radaeus voor de gemeente van Zevenbergen te verwerven, wist de classis hen ten slotte tot betere gedachten te brengen en werden Ds. *Wijckentoorn,* Ds. *Lowijc* en Ds. *Paludanus* op voorstel der classis uitgenodigd, om aldaar eens op beroep te preken.

Te Besooijen was inmiddels in het najaar van 1620 een beroep uitgebracht op Ds. *Petrus Portenius* en te *Made* begeerde men Ds. *Joh. Caderus,* toen nog geen proponent, doch wel binnenkort tot het examen toegelaten. *Sprang* bleef nog vacant, al had het een paar candidaten voor de bezetting der vacature op de lijst, waaronder Ds. *Johannes Slatius,* toen predikant te *Vlijmen,* in de classis Gorinchem, wel eens verkeerdelijk geïdentificeerd met de beruchte Hendrik Slatius, bekend uit ,,Den gepredestineerden dief", ,,Welbiddens onderwijs" en ,,Klaerlichtende fackel", een der droevige inleidingen tot de afschuwelijke Faessen-historie van 1623. Doch de beroepbrief was even onvolledig als de omtrent de beroepene ingewonnen informaties, waarom de classis de zaak tot de naaste vergadering uitstelde. Het beroep van de gemeente Besooijen op Ds. Portenius werd nu wel goedgekeurd, zodat Made, Sprang en Zevenbergen voorlopig nog van classiswege moesten bediend worden.

Bij al deze zorgen en de als gevolg der vele vacatures soms nog ontstane beroepingskwesties als tussen Zevenbergen en Heerjansdam, waarvan de classisacta van 1–2 December 1620 en 5 Januari 1621 uitvoerig melding maken, kwam in de zomer van laatstgenoemd jaar ook nog de onzekerheid, wat de politieke toestand betrof door de hervatting van de oorlog tegen Spanje, waardoor vooral de *Brabantse gemeenten* werden bedreigd.

Vandaar als een der eerste vragen in deze brandende kwestie op de buitengewone vergadering der Dordtse classis op 30 Juni 1621 de volgende: ,,Wat de predicanten te doen staet, die nu tegenwoordich *in periculose plaetsen ontrent des vijants steden* [1]) wonen ende geene salvegarde hebben van de sijde der Ertshertoge, *niet tegenstaende dat de paepsche pastoren selve daerom tot Brussel hebben aengehouden,* of de Synodus voor de selve niet en behoorde te bevorderen salvegarde?" En daarbij sloot aan deze vraag, die ook de overweging waard en tekenend voor de ongewisse situatie was: ,,Ende indien

---

[1]) Voor de Brabantse gemeenten waren vooral 's-Hertogenbosch, Tilburg en Eindhoven, als zijnde nog in Spaanse handen, bedreigende uitvalspoorten.

deselve, *die over het water wonen als andere aen den Brabantschen cant* (dat Godt verhoede) souden moeten vertrecken, soo wort versocht, dat de broeders door den Synodum aen alle classen mogen werden gerecommandeert, om vóór de proponenten ende andere geprefereert te mogen werden". We zullen hierna zien, hoe het vooral weer *Prins Maurits* was, die de Brabantse predikanten een hart onder de riem stak.

Made had intussen zijn predikant gekregen in *Ds. Caderus*, die aldaar in September 1621 werd bevestigd door Ds. Snetenus, terwijl *Ds. Esaia*r *of Jesaias Wijckentoorn* ondanks het verzet van zijn oude gemeente Heerjansdam – waar nu zijn broeder Timotheus, predikant van Dussen, in zijn plaats werd beroepen – toch in hetzelfde jaar naar *Zevenbergen* blijkt te zijn vertrokken, waarmee een paar veel zorg en moeite veroorzakende vacatures waren vervuld, des te bezwaarlijker, *doordat uit Holland en de andere noordelijke gewesten bijna geen predikant meer een beroep in Brabant wenste te aanvaarden,* nu vooral dáár de hervatte krijg de onrust en zwarigheden in de gemeenten zouden vergroten. De gevolgen daarvan eisten al dadelijk voorziening ten opzichte van de visitatie der kerken, waaromtrent in de classisvergadering van 5–7 April 1622, te Nieuw-Beierland gehouden, het volgende werd besloten: ,,Alsoo wt oorsake vanden oirlooge *sommige kercken niet en connen gevisiteert worden,* is goet gevonden, dat bij de vier ordinaire visitatores noch twee *tot den rinck van over twuter,* dije vrij sijn, om op de plaetsen *onder den oorlooge geleegen,* te coomen, sullen gecoren worden, de welcke de heelen rinck van Over Water visiteeren sullen". Er waren zelfs pas beroepen predikanten, o.m. *Ds. Didericus Voetius,* die van *Dussen* een beroep had ontvangen en zwarigheid maakte om te komen, indien hem geen bijzondere en particuliere sauvegarde werd verleend, die informeerden of er ,,op de gemeene salvegarde oick swaricheyt mochte weesen", in verband waarmee de Classis hen geruststelde of door officiële personen en instanties nadere inlichtingen deed verstrekken.

Doch in de nog zuidelijker gelegen classis Breda achtte men nog andere maatregelen nodig en stelden haar gedeputeerden zich met het oog daarop rechtstreeks in verbinding met Prins Maurits. Reeds in de Februari-vergadering – 24 Februari 1621, als buitengewone zitting te Breda belegd, – dus nog vóór het einde van het Bestand, vond de classis daartoe aanleiding en droeg deze gewichtige zending

naar Den Haag aan twee der invloedrijkste predikanten uit haar
midden op, n.l. aan Ds. Boxhorn van Breda en Ds. G. Verhoeven
van Terheyden, ,,om aldaer reverentlick te versoecken" hoe zich te
gedragen, als straks de krijg zou worden hervat. Ende sullen deselve haer *eerstelick* addresseren aen sijne Furst. Genade mijn Heere
den Prince van Orange etc., Baroen van Breda als onsen besonderen
ende genadighen Heere ende *daernae* MITS SIJN BELIEVEN ENDE
GOETVINDEN aende H.H. Staten-Generael der Vereenichde Nederlanden. Ende om hare requeste wel in te stellen, zullen beneffens
andere Theologische redenen gedachtigh zijn naervolgende stucken:
1. de souveraineteyt vande Landen, memorie (?), Religione esse
Regale quid, ende oversulx, dat het streckt tot prejudicie vande
Souveraineteyt der Landen, te tolereren dat een ander daer in dis-
ponere etc.;
2. Dat de paepsche Pastoren in alle missen, die sij doen, in haer
Memento bidden voor den *Coningh van Spagnen*;
3. Dat deselve genaemde Pastoren in hare heijmelijcke oorbiechte
de Luyden informeren, dat sij de H.H. Staten wel moghen, iae behooren te frauderen in hare middelen ofte inkomsten; *ende dat om de
selve niet te stercken teghen den Coninck van Hispanien*, blijckende
sulx bij sekere Italiaensche brieven, berustende onder *D. Boxhornio*.
Ende soude oock *de Paepsche Priester tot Rosendal 't selvighe opent-
lick gepredickt hebben*;
4. Sullen mede copije sien te bekomen van den brief, geschreven
van weghen de H.H. Staten-Generael aen den Heere Gouverneur
binnen der stadt Breda nopende de saecke van Heer Daniel te ter
Heyden [1]);
5. De Papen, geweirt zijnde, sullen de Landen des te sekerder zijn
als zullende hebben soo vele voorschanssen als gereformeerde kercken; daer nu ter contrarien de saecken soo blijvende, het selve
dient tot gheene kleijne verswackinghe van den staet der Landen".

Het waren inderdaad wel ernstige beschuldigingen, in de punten
2 tot 4 vervat, welke, zo zij waar zouden bevonden zijn, in niet geringe mate de Rooms-Katholieke geestelijkheid in West-Brabant
moesten verdacht maken. Het lag nu vooral aan de Prins, om te
dezer zake een beslissing te nemen, doch uit de bespreking tussen

---

[1]) Deze zaak betrof de beschuldiging van de schout te Terheyden, die gezegd zou
hebben, dat de Staten-Generaal *rebellen* waren of *daarvoor moesten gehouden worden*.

hem en de classis-afgevaardigden, waarvan Ds. Boxhorn wegens zijn hoge leeftijd echter was vervangen door Ds. Muysholius, bleek weer de verstandige tactiek van de Prins, zijn verdraagzame en loyale houding jegens de Rooms-Katholieke volksgroep in het Zuiden, welker leiders in hem alleen een tegenstander zouden vinden, als metterdaad zou bewezen worden, dat zij zouden heulen met Spanje en trachten samen te spannen met de vijand, om het bestaande gezag te ondermijnen.

Nu tijdens het Bestand beide gezindten zich vrijelijk hadden kunnen ontwikkelen en in kerkelijk verband uitbreiden, dank zij mede de sauvegarde aan de uit de zuidelijke gewesten over de grenzen der Verenigde Gewesten binnenkomende R.K. geestelijken, achtte de Prins het niet meer dan billijk, dat thans bij het hervatten van de krijg de Aartshertogen een zelfde sauvegarde verleenden aan de Protestantse predikanten van de Hervormde gemeenten in Brabant en het Land van Overmaas, waarvoor de R.K. priesters hun medewerking moesten verlenen. Toen dezen daarvoor echter niet te vinden waren, werd er een bedenkelijk conflict geschapen, dat de Prins evenzeer smartte, als dat het hem deed overwegen, of zijn verdraagzame houding thans nog wel oorbaar en te verantwoorden was.

Ook zijn verwijzing naar het moedig gedrag der R.K. priesters, die hun posten zoveel mogelijk bezet hielden, toen de Reformatie steeds verder voortgang maakte, dit als voorbeeld voor de Hervormde predikanten, doet sympathiek aan. Wij halen hier even de woorden uit het ter classis ingediende rapport van de besprekingen aan: „Dat op het eerste [1]) sijne Excellentie hadde geantwoort, dat hij de Predicanten wel zoude mainteneren, dat sij maer slechts de courage zouden nemen om te blijven, gelijck als sij behooren, ende oock de Papen voor desen wel hebben gedaen". Werd echter één predikant leed gedaan, dan zou dit tienvoudig worden gewroken; werd de predikanten geen sauvegarde in het eventueel door de vijand te bezetten gebied verleend, dan zou dit recht ook worden onthouden aan de R.K. priesters in deze streken [2]).

---

[1]) T.w. „van de versekertheyt der predikanten aen de frontieren in tijde van oorloghe".

[2]) In het ter classis ingediende rapport – 31 Maart 1621 – staat woordelijk: „dat bij aldien eenigen Predicant een hayr zoude worden gekrenckt, men daertegen wel thien Papen zoude halen; voorts oock belooft Sijne Excellentie egeene Papen sauvegarde te zullen verleenen, ten zij de selve oock maken dat de Predicanten seker waren". Maar van de priesters te verdrijven, als zij zich van alle politieke actie onthielden, daarvan wilde de Prins niet weten!

Hier sprak de soldaat in Maurits, die het strenge recht in tijd van oorlog: gelijk recht voor allen, met alle daaraan verbonden consequenties! eiste te zien toegepast: wie du mir, so ich dir! Dit klemde des te meer, toen de berichten en geruchten van conspiraties van sommige geestelijken met de vijand toenamen en soms ook waarheid bleken te zijn. Men lette er wel op, dat dit gezegd werd in een soort van oorlogsstemming, toen de wreede krijg weer voor de deur stond en dat de naar 's-Gravenhage gedeputeerde predikanten 's Prinsen woorden in hun eigen taal overzetten!

En toen kort daarop in deze vergadering bekend werd „wat die vant Pausdom hier binnen de stadt boven vele andere abuysen voor hebben, Sondagh toekomende *in het bagijnhof* (te Breda) solemnelick ende genoechsaem als publyckelick te doen", werd dit opnieuw aanleiding, om zich met adressen, requesten en vertogen tot de drosdaard, gouverneur en de Baron van Breda zelf, dus de Prins, te wenden. De eerste beiden zegden onderzoek naar de bedoelingen en beweegredenen van de R.K. leidslieden toe, de Prins maande aan dit onderzoek rustig af te wachten, waaruit voldoende bleek, dat hij alleen van zins was in te grijpen, als er iets van een illegale actie en samenspanning bewezen zou zijn. Doch hij vertrouwde nog op de goede en nationale gezindheid der geestelijken, in tegenstelling met sommige predikanten zowel als priesters, die een sfeer van wantrouwen, verdeeldheid, onverdraagzaamheid en toespitsing der tegenstellingen schiepen.

Vooral toen in de Mei-classis van 1621 bekend werd, dat de voor de Hervormde predikanten aangevraagde en vereiste sauvegarde in de Bredase Baronie werd geweigerd, zulks op advies der R.K. geestelijkheid, droeg deze weigering er niet toe bij, om de toch al zo gespannen verhouding tussen de beide gezindten te verbeteren. Weer werd een nieuwe deputatie naar Den Haag gezonden, om met de Prins en de Raad van State overleg te plegen en tevens de resolutie der classis over te brengen, dat de predikanten, wat er ook mocht gebeuren, op hun post zouden blijven, tenzij zij met geweld zouden verdreven of gevangen genomen worden [1]). Ditmaal maak-

---

[1]) Dit besluit werd als volgt in de classicale acta d.d. 31 Maart 1621 genotuleerd: „Besonderlick op de vermaninghe van courage ende belofte daer bij van maintenue, gedaen bij Sijne Furstel. Genade, hebben de Broederen van buyten (de stad Breda) gesamentlick ende eenpaerlick besloten, ende oock yeder hooft voor hooft belooft, *bij sijne Ghemeynte te sullen blijven*; immers voor eenen tijt langh, om de onstichtinghe der

ten *Ds. Chr. Falconarius* en *Ds. Plancius* deel uit van de bezending, „om met sijne F.(urstelijcke) G.(enade) te spreken en sien wat voorder in de saecke zal dienen gedaen te worden". In het nog steeds vacante grensdorp *Chaam* hadden de gemeenteleden zelf al maatregelen genomen, toen zij vernamen, dat men te Breda bezwaar maakte om aan de grenzen de Hervormden te troosten en te vermanen met de verkondiging des Woords. In de vergadering der classis op 4 Mei 1621 stonden namelijk drie afgevaardigden van deze thans bedreigde gemeente binnen en verzochten, dat zij alsnog op de voet als te voren mochten worden bediend door de predikanten bij toerbeurt, „zoo langhe het zonder evident perykel geschieden kan", waarin de vergadering toestemde op het voorstel der drie deputaten onder deze voorwaarden: „mits sij den ghenen, die komen zal, zullen *eenighe man sterck te gemoet komen,* ende oock bij aldien zij eenigh perijkel mochten komen te vernemen, den gehen diens beurte het zijn sal te komen, bij tijts daer van sullen komen waerschouwen, om voor dien tijt niet te komen".

De deputaten der classis, uit Den Haag teruggekomen van een bezoek aan en bespreking met de Prins, deelden in de Juni-vergadering mee, dat Zijne Hoogheid hen had bemoedigd met de toezegging, dat een gewaarschuwd man voor twee gold en de hen vijandig gezinde partij nu wel begrepen zou hebben, dat eventuele aanranding, verdrijving of gevangeneming van predikanten en andere bestuurders der Hervormde gemeenten in zijn Baronie tegenmaatregelen zouden uitlokken; „ende seyde voorders, dat de Predicanten wel mochten gerust zijn ende sonder becommeringe, want (seyd' hij) wij hebben de Papen in onse macht ende konnen wel tien papen tegen eenen Predicant halen". Maar het verzoek „van de publicque kercken nu te moghen bekomen, nu de trefves geexspireert was", verklaarde Zijne Hoogheid ook thans niet voor inwilliging vatbaar. Eerst moest vast staan, dat de meerderheid in de steden en dorpen van de Baronie en de andere Prinselijke heerlijkheden en bezittingen in Brabant tot de Hervormde Kerk bleek te behoren en duidelijk liet hij ook deze deputaten verstaan, dat Zijne Hoogheid niets liever zou zien, dan dat beide gezindten naast elkaar in vrede en verdraagzaamheid bleven leven en werken. Doch dat bleek in het thans aan-

---

selver, welcker in dese gelegentheyt des tijts zeer groot zoude zijn, te verhoeden". Ds. Plancius redigeerde zulks in de marge aldus: „Omnes fratres nostre classis unanimi consensu constituere et polliceti sunt, se ecclesias suas hoc tempore non deferturos".

gebroken hachelijk tijdsgewricht een vrome wens te zijn, want toen de broeders de 29ste Juni opnieuw vergaderden, – thans geregeld te *Breda* wegens de onveilige toestand ten plattelande –, bracht de predikant van *Roosendaal* klachten over, dat men aldaar de Hervormden openlijk tartte met nu onlangs weer opnieuw in zwang gekomen processies „met trommels ende vaendelen (ende daerinne Bourgondische cruijcen), brandende toortsen etc., terwijl de Protestanten, die niet knielden „in 't omdraghen van haren afgodt etc.'', allerlei hinder en last ondervonden. Uit andere plaatsen, als te *Oosterhout* en *Zundert* waren in strijd met de beloften van de Prins als Heer der Baronie de Hervormden uit de burgerlijke bestuurscolleges geweerd of „het getal van die vande religie in de Wet dit jaer in sommighe plaetzen vermindert''. Ook dit waren symptomen van de naderende en bedenkelijk geworden verandering in de kerkelijke verhoudingen tussen Rooms-Katholiek en Protestant in deze Zuiderkwartieren, zulks als gevolg en onder invloed van de hervatting van de krijg tussen Spanjaarden en Staatsen, die menigeen met schrik en ontsteltenis vervulden bij de boze gedachte aan naderende onheilen!

Breda

GRENSWACHTER LUDOVICUS

DOOR

W. A. POORT

*Lijd met de anderen
als een goed soldaat
van Christus Jezus.*

1 TIM. 2 : 3

VAN BURGEMEESTERSZOON TOT BALLING

Herkomst

In het laatste kwart van de 16de eeuw woonde in het zuidduitse Tirschenreuth, 110 km benoorden Regensburg en slechts 11 km van de grens met Bohemen gelegen aan de rivier de Waldnaab, de „deutscher Schulmeister" Georg of Jörg Ludwig, met zijn vrouw Anna. Vermoedelijk stamde hij uit een oud, sedert de 14de eeuw in het over de grens gelegen Eger gevestigd geslacht. Vijf jaren na de geboorte van hun eerste zoon, Philippus (doopdatum 27 Augustus 1587), wordt deze schoolmeester, die tevens raadslid was[1]), verdacht van medeplichtigheid aan de moord op kapitein Valentin Winsheim, met wie het Tirschenreuther stadsbestuur in hevige woordenwisseling geraakt was tengevolge van verschil van mening over de inkwartiering van Winsheims troepen. Hij geeft toe, als stadsschrijver, kennis te hebben gedragen van een kort vóór de opstand genomen belangrijk besluit, en belandt met drie andere raadsvrienden aan de ketting in de kerker. Nadat zij vernomen heeft, dat hij daar ziek geworden is, slaagt zijn energieke echtgenote erin hem op 3 October 1596 vrij te krijgen tegen een borgstelling van 2000 guldens[2]), en nog geen zeven weken later wordt de inmiddels burgemeester geworden schoolmeester door de keurvorstelijke

---

[1]) Dr R. Hipper, *Der Prädikant Philippus Ludovicus*, in *Verhandlungen des Historischen Vereins von Oberpfalz und Regensburg*, Regensburg 1933, p. 16.
[2]) ib. p. 17.

commissaris plechtig uit zijn ambt ontzet; verder komt hij eraf met een scherpe terechtwijzing en een geldstraf van 159 gld. – Niettegenstaande deze pijnlijke historie, waarvoor zijn vrouw met haar sterke en volhardende wil blijkens de verhoren aansprakelijk geweest is [1]), heeft zijn populariteit klaarblijkelijk weinig aan kracht ingeboet, want in de jaren 1608 tot 1630 treffen wij Georg Ludwig andermaal aan als burgemeester van Tirschenreuth!

In dit gezin, dat na de geboorte van Philippus nog uitgebreid was met een dochter, Ursula (doop 30 Jan. 1697) en wellicht met nog een enkel kind meer [2]), aanschouwde 7 Mei 1598 [3]) een zoon het levenslicht, die vier dagen later ten doop werd gehouden en daarbij de naam Matthäus ontving, naar zijn peetoom, de burgemeester Mattäus Spitzel, die ongetwijfeld een vriend van zijn vader geweest is [4]). – Het gezin Ludwig werd op 25 Mei 1601 nog verblijd met de geboorte van een dochter, Anna, die wij later nog tegenkomen als echtgenote van Ds Lambertus Latomus, en op 1 Februari 1603 eveneens door de komst van Maria Magdalena.

Matthaeus' weg naar het predikantschap

Wij weten van de jeugd van Matthaeus en zelfs van zijn studietijd weinig of niets. Het ligt voor de hand te denken, dat hij evenals zijn broer Philippus het eerste onderricht heeft genoten bij zijn vader. Ongetwijfeld is het fraaie, duidelijke, van stijfhoofdigheid en onverzettelijkheid getuigende handschrift één van de vruchten van dit onderricht.

Maar noch in de inschrijvingsregisters van de universiteiten van Altdorf en van Heidelberg, waar zijn broer Philippus studeerde, noch in die van andere Duitse universiteiten uit die dagen laat zich de naam van Matthaeus Ludwig of – verlatiniseerd! – Ludovicus terugvinden [5]). Zeker is echter wel, dat Matthaeus zich evenals zijn broer aangetrokken gevoelde tot de studie in de theologie; uiter-

---

[1]) ib. p. 18.

[2]) De matricula van het Katholisches Stadtpfarrant in Tirschenreuth, waaraan de doopdata ontleend zijn, vertonen n.l. een hiaat van 1588 tot 1594. (Kirchenbuch Bd II, p. 63).

[3]) Zijn grafschrift noemt, ongetwijfeld abusuievelijk, 7 Juny 1598; de hier aangehouden datum is ontleend aan Kirchenbuch Kath. Stadtpfarramt Tirschenreuth, Bd II p. 71.

[4]) ibidem.

[5]) Ook onderzoekingen in de inschrijvingsregisters der oude universiteiten van Ingolstadt, Freiburg i/Br, Tübingen, Frankfort/Oder, Dillingen/Donau, Marburg, Würzburg en Praag, leverden niet het gewenste resultaat op.

aard de protestantse theologie, waar hij immers werd geboren in een stad, die reeds twee jaren vóór zijn geboorte de Calvinistische religie had aangenomen.

Uit Lippert's ,,Reformation in Kirche, Sitte und Schule der Oberpfalz 1520-1620'' [1]) weten we, dat het bezoeken van een Latijnse school, van het paedagogium in Amberg en van een universiteit verplicht was voor de toekomstige predikant. Het examen voor de Kirchenrat, dat aan een aanstelling voorafging, werd in het Latijn gehouden en was geen sinecure. Proefpreken werden gehouden voor de Kirchenrat in de Kanzleistube, en in de conventen werden de preken der candidaten aan de gezamenlijke critiek der aanwezige predikanten onderworpen. – Ook moest de toekomstige predikant bekwaam zijn om, waar een school ontbrak, in de bres te springen en zelf onderwijs te geven.

Zeker is echter, dat Matthaeus – blijkens eigenhandige inschrijving in het aanstellingsregister [2]) van 24 Maart 1622 – zijn pastorale loopbaan is begonnen op 23-jarige leeftijd als ,,theologischer Schulmeister und Pfarradjunkt'' in Freystadt. In hoeverre zijn broer Philippus hierin de hand heeft gehad, is niet bekend, maar zeker is het alleszins merkwaardig, dat Matthaeus hulpprediker werd bij zijn eigen broer, die hier acht maanden tevoren als predikant bevestigd was.

Van Freystadt weten we, dat het een vriendelijk stadje was, omringd door muren, waarvan de stadspoorten – evenals de 120 woningen – opgetrokken waren in de karakteristieke vakwerkbouw, terwijl de kerk met het hoog tegen de toren aanleunende dak, en het hoge zadeldak van het stadhuis tussen de beide trapgevels het stadsbeeld beheersten. Rondom glooiden de berghellingen van de Oberpfälzische Jura omhoog, terwijl de rivier de Schwarzach aan de voet van de stadsmuren voorbijtrok.

Maar ten tijde van Matthaeus' komst droeg het stadje nog de duidelijke tekenen van het afwisselend verblijf der troepen, die bijna de gehele Oberpfalz in die dagen in één groot legerkamp herschapen hadden. – Immers, na de slag op de Witte Berg bij Praag had Mansfeld in September 1621 – gebruik makend van schijnonderhandelingen te Furth – kans gezien de keurvorstelijke troepen uit hun

---

[1]) door F. Lippert; Rotheburg o/Tbr 1897, p. 189v.
[2]) Staatsarchiv Amberg, Oberfälzer Religion- und Reformationsakten nr 860.

legerplaats bij Waidhaus via Hirschau en Neumarkt naar de Rhein-
pfalz te loodsen [1]). De volgende maand hadden de troepen van de
overwinnaar van Praag en leider van de Roomse ligue, Maximiliaan
van Beieren, de gehele Oberfpalz bezet. Enerzijds betekenden al deze
troepenverplaatsingen veel overlast voor de bewoners; zo slaagde
Philippus Ludovicus er slechts ten koste van veel geld in zijn pastorie te Freystadt te vrijwaren tegen inkwartiering van roofzuchtig
soldatenvolk; zelfs zag hij zich in 1622 gedwongen al het bier, dat
hem moest dienen om in eigen behoeften te voorzien, af te geven aan
de dorstige soldaten [2]). Anderzijds luidde deze troepen- en gezags-
wisseling een nieuw en weinig goeds belovend tijdperk in voor de
Evangelische Landeskirche, n.l. het begin der tegenreformatie.

De positie van Matthaeus was in die dagen geenszins onbelang-
rijk: in de school was het tenminste nog enigszins mogelijk om onder
de gewijzigde politieke omstandigheden het Calvinisme in stand te
houden, waar zijn broer Philippus er slag van had om de burgers te
bewegen hun kinderen naar de school te sturen. Daarbij was hem
de steun van de rechter van Freystadt, zij het ook in bedekte vorm,
zeer welkom [3]).

Forchheim, zijn eerste Gemeente

Het jaar daarop – 1623 – treffen wij Matthaeus echter reeds als
pastor-vicarius aan in het in rechte lijn slechts 5 km. ten Zuiden van
Freystadt gelegen dorpje Forchheim. Dit was dus zijn eerste ,,eigen"
gemeente. Zijn inkomen bedroeg er 160 fl per jaar, dus vrijwel evenveel als dat van zijn broer in Freystadt; bovendien bevatte de
pastorie ,,ein gering Hausräte".

Wat de school betreft, kon hij zich hier beperken tot de voorge-
schreven maandelijkse inspectiebezoeken, want naast zich had hij in
Forchheim de uit het Boheemse Mezlern gekomen schoolmeester-
cantor Ulrich [4]). Kerken bevonden zich in Sankt Agidi en Maternus.
Een beeld van de omvang dezer Gemeente verkrijgen we, als we
kijken naar het aantal Rooms-katholieke communicanten in 1629 –
na de rekatholisering van nagenoeg het hele dorp; Forchheim telt

[1]) F. Lippert, *Geschichte der Gegenreformation der Oberpfalz*, Freiburg i/Br 1901, p. 7v.
[2]) Dr R. Hipper, o.c., p. 29.
[3]) ib. p. 30.
[4]) F. Lippert, *Die Pfarreien und Schulen der Oberpfalz 1621-1648*, in *Verhandlungen des Hist. Vereins von Oberpfalz und Regensburg*, Regensburg 1901, p. 175.

dan 350 communicanten, d.i. personen in de leeftijd van 7 jaar en ouder. Hoevelen ter wille van hun geloof naar elders uitweken uit Forchheim, weten we helaas niet.

Tijdens Matthaeus' verblijf in Forchheim zette de contrareformatie onder leiding van de Jezuïeten eerst goed door. Tot de eerste slachtoffers behoorde zijn broer, die – naar aanleiding van een onvoorzichtige uitlating over de nieuwe keurvorst Maximiliaan tegenover een collega uit Eichstatt – op 12 November 1624 bericht van zijn afzetting ontvangt, en op 16 December d.a.v. zijn pastorie in Freystadt ontruimd moet hebben. Kort daarop moest hij bovendien het gebied van de Kurpfalz verlaten hebben [1]).

Het daaropvolgend jaar wisten de Jezuïeten gedaan te krijgen, dat de onder Calvinistische invloed eerlang afgeschafte nooddoop in ere zou worden hersteld. Zij speculeerden daarbij op de voorliefde voor de nooddoop bij de meer Luthers ingestelde bevolking. Alle predikanten werden verplicht op 20 Juli 1625 het herstel van de nooddoop van de kansels af te kondigen, volgens vastgesteld formulier. Van de 197 keurvorstelijke gemeenten waren er echter niet minder dan 55, waar de predikanten uit beginsel zonder meer weigerden het „Jachtaufmandat" voor te lezen. terwijl enkele anderen het stuk verminkten of door de schoolmeester lieten voorlezen [2]). Prompt stellen de Jezuïeten hierna legit- en non-legit-lijsten op, met de namen van hen, die wel of niet het mandaat hadden afgelezen; de ongehoorzame predikanten worden zonder vorm van proces op straat gezet, zodat meer dan een kwart der Evangelische Landeskirche herderloos gemaakt wordt, want de vacatures worden vrijwel niet vervuld en schoolmeesters wordt ten strengste verboden de kerkdienst waar te nemen. Andere predikanten worden stelselmatig verwijderd onder een „praetextu politico", een voorwendsel van staatkundige aard, en daarmee is de afbraak van de Evangelische Kirche in de Oberpfalz eerst recht op gang gekomen.

In datzelfde jaar wordt Forchheims schoolmeester-cantor Ulrich van zijn ambt ontheven [3]); in de voor de registratie van het „legit" en „non legit" benutte bezoldigingslijsten komt de naam „Matthaeus Lodovicus" voor zonder eenige verdere aanduiding, gelijk trouwens bij 't merendeel der vermelde namen het geval is; waar even-

[1]) Dr R. Hipper, o.c. p. 30.
[2]) F. Lippert, Geschichte der Gegenreformation u.s.w., p. 58 v.
[3]) F. Lippert, Die Pfarreien u.s.w., p. 175.

wel ook het „legit" bij zijn naam ontbreekt, kan men aannemen, dat hij in geen geval het mandaat voorgelezen heeft [1]). Het één gevoegd bij het ander maakt het dan ook aannemelijk dat Matthaeus Ludovicus als slachtoffer van het Jachtaufmandat eveneens in 1625 gedwongen is zijn Gemeente en het grondgebied van de Kurpfalz te verlaten.

Balling

Een bericht van de Pfleger te Pfaffenhofen, gedateerd 16 September 1627, maakt melding van het feit, dat meer dan de helft van de uitgeweken predikanten van de Ober-Pfalz, tezamen met den Kirchenrat Küner, op dat tijdstip zijn ondergebracht in de „Gartenhäuser der Geschlechter", d.w.z. de buitenplaatsen der Neurenbergse patriciërfamilies, op het Altdorfer en Neurenberger platteland [2]).

Ook van Matthaeus Ludovicus weten we, dat hij de wijk nam in de richting Neurenberg; in de Stadsrekening 1626 van Neurenberg wordt n.l. meegedeeld, hoe op de 3de October van dat jaar een „Verehrung" – mooi woord voor ondersteuning! – wordt gegeven aan „Ludwig Matheo von Vorchhaim, vertriebenen Pfarrherrn aus der Pfaltz", ter grootte van twee gulden [3]). Evenals zo vele collega's blijkt hij al spoedig eveneens een onderkomen gevonden te hebben op de buitenplaats van een Neurenbergse patriciërfamilie, n.l. op het slotje van de familie Gugel in het dorpje Brand (Landkreis Erlangen), in de bossen benoorden Neurenberg. In een rapport van de Waldamtmann van het Waldamt Sebaldi – d.i. behorend tot de parochiekerk van St. Sebald –, d.d. 20 Mei 1628 aan de Raad der Stad, betreffende de ballingen in zijn district, heet het n.l. :„Hab ich der Exulanten halben, wo sie sich an underschiedtlichen orten aufhalten mögen, soviel ich müglichstens fleiszes thun können, bericht und erkundigung eingezogen und befunden, das sich zum Prandt Christopherus Seiz, gewesener Pfarrer zue Mosbach und Mattheus Ludowicus (wo er Pfarrer gewesen sein mag, hab ich nicht erfahren können) beede uber anderthalb jar aufgehalten ..." Aan de rand stond de aanduiding „Hinder den Guglischen", ter nadere aanduiding van hun verblijf [4]).

---

[1]) Aanwezig in Staatsarchiv Amberg.
[2]) F. Lippert, *Geschichte der Gegenreformation* u.s.w., p. 78.
[3]) Aldus een mededeling van Dr Schnelbögl, directeur van het Staatsarchiv Nürnberg.
[4]) Staatsarchiv Nürnberg, SIL 197 Nr 11.

Tussen het laatstgenoemde tijdstip en de zomer van 1630 moet het vertrek van Matthaeus Ludovicus uit het eerste oord zijner ballingschap hebben plaats gevonden. Het is nauwelijks aan twijfel onderhevig, of het verblijf van zijn broer Philippus Ludovicus in Den Haag heeft ook Matthaeus tenslotte bewogen zijn schreden te richten naar Holland, in de hoop daar – gelijk zijn broer – opnieuw in het predikantsambt een taak te vinden.

KOMMERVOLLE JAREN

Platzak

Het achter zijn groene wallen weggedoken Schoonhoven aan de Lek beleefde in September en October 1630 grote dagen. Gedurende bijna een volle maand vergaderden daar de leden van de Provinciale Synode voor Zuid-Holland. Onder het vele, dat in deze hoogeerwaarde vergadering ter tafel gebracht werd, vinden wij ook een verzoek van een tweetal verdreven predikanten uit de Paltz om een subsidie, teneinde zich in leven te kunnen houden. De ene predikant heette Jacobus Gebbershagen, de ander Matthaeus Ludovicus. Ziende op de ,,hoochdringenden noodt'' van deze beide dienaren des Woords, acht de Synode het raadzaam uit de resterende penningen der Synode de beide adressanten ,,enich onderhoudt'' te geven. – Bovendien worden enige broeders uit Den Haag en Leiden gedeputeerd om in hun Classes een inzameling te houden, die een subsidie voor de verdreven predikanten ,,uyt Hooch Duytschlandt'' mogelijk moet maken. – Korten tijd nadien rapporteren de afgevaardigden, dat een bedrag ter grootte van 1252.20.– resteert, waarop de Synode het besluit neemt hiervan uit te reiken aan D. Mathaeo Ludovico een bedrag van 130 gulden en 16 stuivers, door bemiddeling van de Haagse Ds. Hugo Beyerus, terwijl Ds. Gebbershagen door bemiddeling van de Leidse predikant Fabritius 150 gulden zal ontvangen [1]).

Klaarblijkelijk hield Matthaeus Ludovicus zich dus toentertijd op binnen de classis 's-Gravenhage, en waar zouden wij hem anders zoeken, dan in Den Haag zelf [2]), waar zijn broer Philippus op voorstel van de uitgeweken koning van Bohemen, Frederik V van de

---

[1]) Dr W. P. C. Knuttel, *Acta der Particuliere Synoden van Zuid Holland 1621–1700*, deel I, 's Hage 1908, p. 365 v.v.

[2]) Ook wijst hierop het schrijven van de Bossche kerkeraad bij hande van Ds Fr. N. de Waal, waarin de Haagse kerkeraad – en niet slechts de persoon van Philippus Ludovicus! – wordt geantwoord op een ontvangen aanbeveling voor Matthaeus Ludovicus.

Paltz, in Juli 1626 reeds werd benoemd als Hoogduits predikant in Den Haag, ten behoeve van 's Konings gevolg, waarbij Philippus tevens tot lid van de Haagse Kerkeraad ,,by provisio" was aangenomen [1]. Wanneer we dan ook ontdekken, hoe op 20 October 1630 in de Haagse kerkeraad gelezen wordt ,,eenen sekeren brief geschreven aen de kerckenraet van Sgravenhage, uijt naeme van de verdreven predicanten in den Pals komende van Norenberch, in d welcke sij versoecken dat onse kercke haerlieden wilde bijstaen met eenich subsidium ende almoesse om haer in haeren desolaeten staet te helpen", dan ligt het voor de hand hierbij onmiddellijk te denken aan beide boven reeds vermelde predikanten, Jacobus Gebbershagen en Matthaeus Ludovicus. Niet waarschijnlijk is, dat wij hier te doen hebben met dezelfde inzameling, waarvan in de Synode sprake was, omdat de synodale actie klaarblijkelijk door persoonlijk bezoek werd voltrokken en reeds vóór 10 October beeindigd werd, terwijl over dit schriftelijke verzoek op 5 November moeilijkheden rijzen met enige colleges – lees de overheid – inzake het houden van een collecte. Men kan zich voorstellen, dat de verdreven predikanten-adressanten in Philippus Ludovicus een warm pleitbezorger bij de Haagse kerkeraad hadden en de vergadering besluit dan ook, dat elke predikant met een ouderling in zijn wijk (,,quartier") zal rondgaan ,,ende bij de gequalificeerde (= voornaamste, goedgesitueerde) religionsverwanten ijts versoecken tot behoef van de voorgenoemde verdrevene predicanten".

Het is bovendien treffend, dat de kerkeraad juist Philippus Ludovicus samen met Johannes l'Empereur aanwijst, om deze aangelegenheid te behartigen in een samenspreking met diaconie en overheid [2].

Ook al werden op deze wijze de ergste financiële zorgen van Matthaeus en zijn gezin verlicht, dat neemt niet weg, dat hij bleef zoeken naar een oplossing van meer definitieve aard, waarbij hij hoopte zijn ambt weer te kunnen opnemen. En in voorjaar 1631 vertrekt het gezin van Matthaeus Ludovicus naar de Diezestad, 's Hertogenbosch [3]. Dat daarbij de keus op Den Bosch is gevallen, mogen we ongetwijfeld toeschrijven aan het feit, dat verwacht mocht worden dat te eniger tijd vanuit deze stad een nieuwe poging

---

[1]) Acta consistorialia der kercke vanden Haghe 1620–1635, 9 Dec. 1626.
[2]) Ibidem, verslag van 5 Nov. 1630.
[3]) Vgl de kerkeraadsnotulen van Den Bosch, Kerkeraadsarchief Herv. Gem. Inv. nr. 20 f. 79: ,,dewyle hy (= M. L.) inden bosch was coomen woonen" (28 Mei 1631).

zou worden gedaan het Protestantisme uit te dragen op het om-
liggende land, bekend staande als de Meijerij van Den Bosch. En
zou deze hernieuwde poging tot invoering der Reformatie in deze
streken voor Matthaeus niet de weg kunnen openen naar een beroep ... ? [1]) Ook het scherpe kerksluitingsplakkaat van 13 Mei 1631
moet niet nagelaten hebben deze hoop bij de man uit Tirschenreuth
levend te houden [2]).

Van voorlezer tot leraar klassieke talen

In der minne waren de beide broers van elkaar gescheiden. Dat is
aan geen twijfel onderhevig, want Philippus belooft zijn broer een
aanbeveling ten zijnen gunste te zullen zenden aan de kerkeraad
van Den Bosch en in de vergadering van dit college op 28 Mei 1631
doet Ds. Schuylius mededeling van de ontvangst van het schrijven
van de Haagse Hoogduitse predikant, ,,waer in hy opt hoochste
aende eerw. kerkeraet syn Broeder Mattheum Lodowix gewesene
Predicant in den Phals en nu ballingh, recommanderde datse op den
voorsz Mattheum dewyle hy inden bosch was coomen woonen ende
een lastige familie (= een gezin, dat zware lasten met zich bracht)
hadde en een gants cleyn incoomen, gelieven soude te letten". De
vergadering aanvaardt de recommandatie, en zegt toe zoveel in
haar vermogen is voor Mattheus te zullen doen [3]).

Dat het de kerkeraad ernst was met zijn belofte, blijkt uit de
notulen van de vergadering van een week later, waarbij Ds. Schuylius en Ds. Junius zich ten gunste van hun verdreven collega opgedragen zien met de plaatselijke overheid contact op te nemen, opdat
zij den predikant de helpende hand zou bieden in zijn ballingschap
en armoede en opdat hij van stadswege ,,vrije huys-huyre" zou
mogen genieten. Bovendien kan Ds. de Waal aan de Haagse kerkeraad schrijven ,,in favuer ende recommandatie vanden voornoem-
den noodruftigen persoon, dattet haer E. E. geliefde hem uyt de
diaconien, na vermogen soo yet wat toe te leggen", en aanbevelings-
brieven aan andere naburige kerken voor hem weg te sturen [4]). –
Aanvankelijk hebben al deze pogingen echter weinig of geen effect
gesorteerd.

[1]) De vorige poging dateerde van Januari 1630, toen Tilburg en Eindhoven van een
predikant voorzien werden.
[2]) Vgl. Dr V. A. M. Beermann, *Stad en Meierij van 's Hertogenbosch van 1629 tot 1648*,
's Bosch 1940, p. 137.
[3]) Arch. Herv. Gem. 's Bosch nr 20, f. 79.
[4]) ibidem, f. 80, kerkeraadsnotulen van 6 Juni 1631.

Het ligt voorts voor de hand, dat Ludovicus al spoedig kennis maakte met de Hoogduitse predikant, Ds. Marsilius Rotarius, gewezen predikant van Gulik (Jülich), die de Bossche kerkeraad verzocht had hem te beroepen ten gerieve van een twaalftal met hem uit Gulik geëvacueerde gezinnen en in Juni 1630 een scherpe terechtwijzing incasseert wegens onbevoegd bedienen van het Heilig Avondmaal in eigen kring [1]). Naderhand zien wij, hoe Rotarius toch de voormalige Minderbroederskerk in de gelijknamige straat toegewezen heeft gekregen om – klaarblijkelijk onder auspiciën van de Nederduitse kerkeraad – Hoogduitse kerkdiensten te houden. En het is dáár, dat we Matthaeus Ludovicus terugvinden rond de jaarwisseling als ,,voorleser inde hoogduytsche kercke" [2]). Erg rooskleurig was zijn toestand nog steeds niet geworden: ,,uyt commiseratie ende sobere gelegentheyt van synen persoon" wordt hem op 14 Januari 1632 30 gulden geschonken en vereerd door de stedelijke overheid van Den Bosch.

Intussen heeft de tot weinig beter dan werkeloosheid gedoemde predikant zelf ook niet stilgezeten en op 21 Juli 1632 wordt in de Bossche kerkeraad een verzoek van Ludovicus behandeld, om een attestatie en recommandatie te zijnen gunste te verzenden aan den Gedeputeerde van Gelderland, residerende binnen Venlo en Roermond [3]). Het ligt voor de hand, dat de berichten over de capitulatie van Venlo en Stralen voor de Staatse troepen bij hun opmars langs de Maas en over de inname van Roermond op 5 Juni 1632 hem bewogen hebben zijn diensten aan te bieden in de nieuwbezette gebieden [4]). De volgende zinsnede uit een copie van deze attestatie [5]) laat daaraan geen twijfel bestaan: ,,Maer alsoo wij verstaen, dat ontrent Venlo, Remunt etc. wel eenige plaetsen door des Heeren genade soude mogen comen te vaceeren, soo willen wy hier mede de eerw. h. broederen de ghedeputeerde van het Geldersche Quartier, ende alle andere aen de welcke dese onse letteren soude moghen vertoont worden, opt vrundelijckste ghebeeden hebben, dat se niet

---

[1]) Vgl. Dr W. Meindersma, *De Gereformeerde Gemeente te 's Hertogenbosch 1629–1635*, Zalt-Bommel 1909, p. 220 v.v.

[2]) R. A. van Zuylen, *Inventaris der Archieven van de stad 's Hertogenbosch, Stadsrekeningen van het jaar 1399–1800*, 's Hertogenbosch 1866, dl. II p. 1375.

[3]) Arch. Kerkeraad Herv. Gem. 's Bosch Nr 20 f. 124.

[4]) Vgl. Corneille Jean Luzac, *De Landen van Overmaze, inzonderheid sedert 1662*, Leiden 1888, p. 48.

[5]) In handschrift van Matthaeus Ludovicus, nr 80 in portefeuille Kerkeraadsstukken 1629–1789 Arch. Herv. Gem. 's Bosch.

alleen den voorn. D. Matthiam voor soodanighen een als wy hem beschreeven hebben, gelieven te erkennen, maer ooc datse hem metten eersten alle moghelijcke hulpe tot zijn avance gelieven te bewijsen, waer aen ons alle sonderlinghe vruntschap sal geschieden'', Er was dan ook alle reden voor de kerkeraad om zo'n gunstige attestatie en recommandatie voor hem te verzenden: in de verstreken twee jaren had men Ludovicus leren kennen als een man van godzalige, stichtelijke en eerlijke wandel; omdat de Hoogmogenden nog steeds in gebreke waren gebleven orde te stellen op het stuk van de ,,bestellinghe der Predicanten inde respective plaetsen'' van de Meijerij, had men hem nog steeds niet aan een predikantsplaats kunnen helpen; de gaandeweg door Ludovicus verkregen bedrevenheid in de Nederlandse taal was zelfs reden, dat hij soms voorging in de Bossche kerkdiensten, waarbij de gemeente geen moeite had hem te verstaan!

Op 28 Juli ging de brief in zee, maar klaarblijkelijk sorteerde ze niet het zozeer gewenste effect. Maar ziet, na verloop van weer enige maanden doet zich een onverwachte gelegenheid voor, om Matthaeus Ludovicus aan een betaalde functie te helpen. Door het vertrek, in November, van de eerste praeceptor der in December 1630 opgerichte Latijnse School, Hermannus Pastorius, kwam de functie van derde meester te vaceren en het is begrijpelijk, dat de Bossche kerkeraad geen middel onbeproefd liet om Matthaeus Ludovicus naar voren te schuiven. En niet tevergeefs! Men kan zich dan ook de vreugde voorstellen in het gezin Ludovicus, toen hij op 24 November 1632 ,,bij den Achtbaeren Magistrat der Stadt van S'hertogen-Bosch met advis van de Scholarchen aldaer vijt comiseratie van zijne ballingschap, sobere gelegentheijt ende lastige familiën'' werd aangenomen als opvolger van Pastorius [1]. Laten we niet vergeten, dat aan het bekleden van deze functie een vast inkomen van 400 gl. 's jaars verbonden was, benevens het recht op vrij wonen! Als een man, die een nieuw leven begonnen is, moet Ludovicus dan ook iedere dag naar de Schilderstraat gestapt zijn, om in het gebouw terzijde van de Binnen-Dieze – daar, waar nu het gebouw van de Bank van Lening staat – met het uitzicht op de tuinen tussen Dieze en de vesten zijn lessen in de klassieke talen te gaan doceren.

Wordt vervolgd.

---

[1] Ibidem, nr 75, adres van M. L. aan HoogMogenden s.d.

BOEK-AANKONDIGING

T. M. H e n d r i k s, Beschrijving van de doop-, trouw- en be-
grafenisboeken, de registers van aangegeven lijken enz. in
Overijsel, dagtekenende van vóór de invoering van de Burgerlijke
Stand. Publicatie vanwege het Rijks-Archief in Overijsel. –
's-Gravenhage, Ministerie van O.K. en W., 1952 (132 blz.).

Tot onze spijt enigszins verlaat moge hier alsnog een aankondiging
plaats vinden van bovengen. werk. Al deze retroacta, berustende ten
Rijksarchieve in Overijsel, evenals die van Deventer, Kampen en Zwolle,
welke aan de besturen dezer gemeenten in bewaring zijn gegeven, zijn
door den heer H. met zorg beschreven naar de alfabetisch gerangschikte
plaatsen. In een Inleiding heeft hij de Doop-, Trouw- en Begraafboeken in
hun oorsprong en werkwijze uiteengezet, waarin uiteraard een aantal gegevens, die van belang zijn voor de Kerkgeschiedenis, zijn meegedeeld.
De boeken dateren voor het overgrote deel uit de tijd der bevoorrechte
Kerk; slechts een paar zijn van oorsprong ouder, en sommige lopen nog
even door na 1812. Bijlagen vermelden de boeken, die bij kerkelijke gemeenten van verschillende gezindten zijn blijven berusten. Een uitvoerige
index van plaatsnamen besluit deze hoogst nuttige en keurig verzorgde
uitgave.   L.

F r i e d r i c h K e m p f S.J., Papsttum und Kaisertum bei
Innocenz III. Die geistigen und rechtlichen Grundlagen seiner
Thronstreitspolitik. Miscellanea Historiae Pontificae Vol. XIX.
– Roma, 1954. Pontificia Università Gregoriana (XX + 338 S.).

De uitgave van het *Regestum Innocentii III super negotio Romani
imperii* (Roma 1947) had de bezorger Friedrich Kempf S.J. voor tal van
onopgeloste problemen geplaatst. Aanvankelijk voornemens de motieven
van de paus voor zijn beslissing inzake de troonstrijd in Duitsland nader
te onderzoeken, kwam hij al spoedig tot de slotsom dat hij zijn studie
diende uit te breiden tot de onderlinge verhouding van *Papsttum und
Kaisertum bei Innocenz III*, en haar geestelijke en kerkrechtelijke achtergronden. Elk der drie hoofdgedeelten van zijn boek, waarin hij achtereenvolgens de politiek, de kerkrechtelijke fundamenten en de algemene opvattingen van Innocentius II over Ecclesia, Regnum en Imperium behandelt, laat hij voorafgaan door een historische inleiding. Met name zijn
onderzoek van de staatsleer der kanonisten stelt hem in staat een aantal
pauselijke uitspraken in hun historisch perspectief te plaatsen. Het ligt
in de aard der zaak dat zijn betoog hem meer dan eens dwing Protestantse

kerkhistorici als Hauck te bestrijden. De toon van de polemiek is bezadigd. Het boek is een waardevolle bijdrage tot de kennis van een der belangwekkendste figuren uit de kerkgeschiedenis der middeleeuwen.

C. C. DE BRUIN

Johann Autenrieth, Die Domschule von Konstanz zur Zeit des Investiturstreits. Die wissenschaftliche Arbeitsweise Bernolds von Konstanz und zweier Kleriker dargestellt auf Grund von Handschriftenstudien. (Forschungen zur Kirchen- und Geistesgeschichte, Neu Folge, Band III) – W. Kohlhammer Verlag, Stuttgart, 1956 (Importeurs Meulenhoff & Co N.V., Amsterdam). 179 S – fl. 13.20.

Het is een boeiende bezigheid kennis te nemen van de kanttekeningen welke een intelligent lezer heeft aangebracht in de boeken die hij bestudeerd heeft. Men weet zich de stille getuige van een ontmoeting der geesten en telkens wanneer de meningen van beiden blijken te botsen, ziet men zich genoopt eigen zienswijze aan die van de anderen te toetsen. Helaas is het aantal middeleeuwse boeken die van zulk een kritisch gebruik de sporen vertonen, uitermate schaars. In een tijd toen men nog aangewezen was op handschriften, was een boek een te kostbaar bezit om het op deze wijze te ontsieren. Des te merkwaardiger zijn de werkexemplaren van de geleerden uit die tijd, vooral wanneer ze meer bevatten dan louter verbeteringen en verklaringen van de tekst, wanneer ze met andere woorden gezegd de bewijzen leveren van de kritische zin der gebruikers. De schrijfster van het hier aangekondigde boek heeft zich verdienstelijk gemaakt door ons in de gelegenheid te stellen tezamen mèt haar een blik te werpen over de schouders van een drietal mannen, terwijl ze bezig zijn de voor hen liggende codices met aandacht te bestuderen en eigenhandig van kritische marginalia te voorzien. Zij heeft hiertoe een groot aantal her en der verspreide handschriften, oorspronkelijk afkomstig uit de Dombibliotheek te Konstanz, zorgvuldig nagegaan en aan de hand daarvan de wetenschappelijke werkwijze van Bernold van Konstanz en twee clerici van de domschool aldaar kunnen demonstreren. Haar boek is de vrucht van een gelukkig samengaan van paleografisch inzicht – weinig verwonderlijk bij een leerlinge van de bekende Münchener handschriftenkenner Bernhard Bischoff – en vertrouwdheid met de kerkgeschiedenis van de tweede helft der elfde eeuw. Zo kon een gewetensvolle karakterisering van het schrijftype in beschrijving van de in aanmerking komende codices de grondslag vormen van de interpretatie der glossen. Wij zien Bernold van Konstanz, de kroniekschrijver en voorloper van Abélard's Sic-et-non-methode, hier als canonist en polemist aan het werk, bezig met het verzamelen van bouwstoffen voor zijn verdediging van Gregorius VII in de investituurstrijd; de schrijfster toont aan dat hij de stof van zijn kanttekeningen voor een deel verwerkt heeft in zijn polemische geschriften. Het is te betreuren dat geen aantekeningen van zijn hand bewaard zijn in boeken handelende over liturgische kwesties en de tweede avondmaalstrijd; zijn *Micrologus* en *De veritate corporis et sanguinis domini*, met welk laatste boek hij zich schaarde onder de tegenstanders van Berengarius van Tours, doen ons zijn meningen dienaangaande kennen, maar marginale voorstudies waarbij we de schrijver als het ware op heter daad betrappen, ontbreken. De twee clerici, een zekere Wolferad en iemand die de schrijfster Anonymus A noemt, richtten hun aandacht meer op onderzoek en uitleg van de bijbel, patristiek, kerkgeschiedenis, laatstgenoemde bovendien nog op eucharistie en canonistiek. Het welverzorgd uitgegeven boek van Johanne Autenrieth brengt weliswaar geen opzienbarende onthullingen, maar heeft de verdienste dat het ons mogelijk maakt binnen te treden in het boekvertrek van een drietal geleerden uit een ver verleden, ons te verdiepen in hun denkwereld en hun gedachtengangen op de voet te volgen.

C. C. DE BRUIN

p. H i l d e b r a n d, De Kapucijnen in de Nederlanden en in het Prinsbisdom Luik, X Delen, 12 stukken. – Antwerpen, Archief der Kapucijnen, 1945–1956.

Een levenswerk heeft p. Hildebrand met dit imposante werk van ongeveer 6000 blz. voltooid. Sedert 1913 heeft de schr. zijn bouwstoffen verzameld, en zonder officiële steun van regeringswege heeft hij zijn omvangrijke arbeid mogen voltooien; dat hij hem in het Nederlands uitgaf verdient nog een bijzondere hulde. Ongetwijfeld zal hem de liefde voor zijn orde, maar ook de belangwekkendheid van de stof, tot steun en stuwkracht zijn geweest. Belangrijk was de orde in haar anoniem apostolaat op de kansel en in de biechtstoel, in haar werkzaamheid aan het Hof en voor het gemene volk, in haar invloed op het geestelijk leven, haar heldhaftige verpleging van pestlijders, haar rol in de politiek tot de z.g. Brabantse Omwenteling wanneer ze de leiding neemt in het verzet tegen het Seminarie Generaal. Vele archiefstukken zijn geraadpleegd, waaronder niet weinige, die ten gevolge van twee oorlogen onherroepelijk verloren zijn gegaan. Met enige trots kan de schr. verklaren, dat geen enkele Belgische of Nederlandse kloosterorde zulk een uitgebreide en wetenschappelijk verantwoorde geschiedenis bezit, ook geen andere Kapucijnerorde ter wereld.

De inhoud der 10 delen is als volgt. Het eerste behandelt de geschiedenis van de ongesplitste Nederlandse provincie, vóór zij in 1616 naar de talen werd gesplitst. De 3 volgende delen behandelen achtereenvolgens de Waalse kloosters, provincie en religieuzen; er waren 50 Waalse tegen 100 Nederlandse kloosters in Z. en N. Nederland. In Dl. III komt de Ierse provincie in behandeling, sedert 1617 vanuit Charleville gesticht; Dl. IV geeft een biografisch woordenboek, met registers. Dl. V is de Vlaamse tegenhanger van Dl. II; hierin bevindt zich een uitvoerige vermelding van de kunstschatten in de verschillende kloosters. Als (hedendaags) Noord-Nederlandse kloosters vinden Venlo, Roermond en Borgloon hier behandeling. Dl. VI gaat over de Hollandse Missie, met afzonderlijke vermelding van de verschillende missie-staties; een uitvoerig onderdeel is gewijd aan de verhouding tot het Jansenisme. Dl. VII is de Vlaamse tegenhanger van Dl. III. Dl. VIII behandelt in twee stukken de innerlijke organisatie; hierin vinden allerlei bijzonderheden plaats over voedsel en kleding, arbeid, ontspanning, geestelijk leven. Dl. IX geeft de betrekkingen tot de buitenwereld: wereldlijke clerus, andere orden en wereldlingen; de houding in politiek en oorlog, de pastorale werkzaamheid en de devoties. Dl. X: Einde en nieuw begin, behandelt het einde van het Oostenrijkse regime, de Franse overheersing en nieuw leven daarna, tot de splitsing, in 1882, in een Belgische en een Nederlandse provincie. Het tweede stuk van dit deel bevat de uitvoerige registers.

Het werk is rijk geillustreerd en royaal uitgegeven. Een wetenschappelijk getuigenis van betekenis voor de geleerde, onvermoeide vervaardiger.

L.

Dr J. A. B o r n w a s s e r, Kirche und Staat in Fulda unter Wilhelm Friedrich von Oranien, 1802–1806. – Fulda. Utr. Nimw., Parzeller & Co. – Dekker & V. d. Vegt, 1956 (343 S.) (Quellen u. Abhandl. z. Gesch. d. Abtei u. d. Diöz. Fulda, XIX).

Een Nijmeegse dissertatie over een klein hoekje geschiedenis, dat van ons Nederlanders toch wel een bijzondere aandacht verdient, al lag het dan in Duitsland. De haast huiselijk autoritaire wijze, waarop Napoleon na de Reichs Deputations Hauptschluss de kleine vorstendommen en territoriën van Europa, die binnen zijn bereik lagen, van grenzen veranderde en van regeerders deed verwisselen, stelde de erfprins, de latere koning Willem I, als vergoeding voor het verlies van zijn stadhouderschap in het souvereine bezit van het voormalige vorstelijke bisdom Fulda. Wat de schrijver in zijn onderwerp aantrok, was de vraag of er enig verband aanwijsbaar zou zijn tussen de verlicht autoritaire regering van de vorst ɪn Fulda en in zijn later koninkrijk, speciaal wat betreft zijn houding tegenover de kerk. Vanwege de al te omvangrijke uitvoering van dit plan beperkte hij zich tot de Duitse periode, en beschrijft hij, op grond van uitvoerig archiefonderzoek in Duitsland en in het Kon. Huisarchief en met raadpleging van uitgebreide literatuur – de lijst hiervan is respectabel – de aanvaarding der regering, het deels overnemen, deels opzij zetten van het vorst-bisschoppelijke regeringsapparaat, de regeringsmaatregelen, speciaal ten aanzien van de in dit geestelijk vorstendom wel zeer precaire verhouding van kerk en staat, en ten slotte het abrupte einde. Dr. B. kan, hoewel 's vorsten standpunt allerminst delend, hem zijn goedkeuring niet onthouden; diens toepassing van het ius circa sacra greep maar weinig in het ius in sacra in, en wanneer dit gebeurde was het minstens evenveel het werk van verlichte prelaten- regeringsfunctionarissen als van de min of meer josephistisch gezinde vorst. Er was ,,praktische Zusammenarbeit''. Het beeld van Willem van Oranje vertoont sympathieke trekken; hij was arbeidzaam, voelde zich de eerste dienaar van zijn staat, en zijn absolutisme was door humane trekken verzacht; hij streefde er naar te zijn, en was inderdaad, een Landesvater. Daarbij was hij tolerant, waardoor de onvermijdelijke moeilijkheden van de toepassing der saecularisatie zonder ernstige moeilijkheden werden overwonnen; ,,es läszt sich nicht leugnen, dasz der Erbprinz sich auch persönlich bemüht hat im Geiste einer bewuszten Groszügigkeit mit den Katholiken zu verkehren''. – Het doet wel eens goed een oordeel over Willem I en zijn kerkelijk-staat-

kundige opvattingen en maatregelen te vernemen, dat niet geladen is met
vooroordeel en vooringenomenheid waarmee men van de zijde der con-
fessionalistische geschiedschrijving deze toch in veel opzichten zo prijzens-
waardige vorst zo vaak bejegent. En de fouten, die hij ongetwijfeld be-
ging, waren fouten van zijn tijd! Dat men hem niet uitsluitend beoordelen
mag naar vroegere of latere maatstaven, wordt bewezen door de ingenomen-
heid waarmee men over 't geheel de regeringswisseling aanvaardde; men
was op hem gesteld.

Het omvangrijke werk, met enkele bijlagen en een personenregister, is
een fraai staal van historieschrijving. – Dat de Leidse universiteit gesticht
zou zijn naar calvinistisch model, lijkt ons een onjuiste uitdrukking;
waarom niet gereformeerd? L.

Dr L. C. S u t t o r p, De orde der Jezuïeten. – Wageningen,
H. Veenman & Zonen, 1956 (128 blz.)'

Het gedenkjaar van Ignatius' dood gaf de schrijver dit aantrekkelijke
boekje in de pen. Hij wil hierin objectieve voorlichting geven over de orde,
haar beginselen en werkzaamheid. Daarnaast had hij de bedoeling een
bijdrage te leveren tot het gesprek tussen Rome en de Reformatie. ,,Het
raakvlak tussen de Jezuietenorde en het Protestantisme is een plaats,
waar in de loop der eeuwen fel gestreden is. Dit bracht mede, dat de front-
berichten vaak sterk gekleurd waren. Als non-combattant heb ik een
stuk van de frontlinie in kaart proberen te brengen en objectief commentaar trachten te geven op die berichtgeving''. Objectief is de schr. inderdaad, en daarom verdient zijn boekje belangstelling, in de eerste plaats
van Protestanten. Want het is vaak hemelschreiend welke wan- en waan-
begrippen bij velen nog altijd omtrent de orde gangbaar zijn; het feit dat
hetzelfde ten aanzien van Rooms-Katholieken kan worden gezegd naar
aanleiding van meningen en uitlatingen over de Vrijmetselarij ontheft de
Protestanten niet van schuld. Zo objectief is de auteur, dat ik, al lezende,
geruimen tijd in het onzekere verkeerde uit welke hoek hier de wind woei;
tenslotte moest ik concluderen, dat hij uit die der Reformatie kwam, nog
niet zozeer vanwege de inhoud als door de zeggingswijze. Natuurlijk is dit
beknopte werk maar een inleiding, maar het kan grond bieden voor nadere
conclusies en standpunten. Er zijn een paar goede illustraties en een op-
gave van geraadpleegde literatuur bijgevoegd; wij misten hierin André
Mater, ,,Les Jésuites'', Dr J. H. Wessels' art. in N. Archief v. Kerkgesch.
XXXVII, en vooral Pijper's hoofdstuk in ,,De Kloosters''. Een register
is niet aanwezig. L.

Documenten Nederlandse Hervormde Kerk.
– 's-Gravenhage, Boekencentrum, z.j. (637 blz.).

,,Verklaringen, kanselafkondigingen, boodschappen, herderlijke brieven, en rapporten, uitgevaardigd door of namens de Generale Synode der
Nederlandse Hervormde Kerk in de jaren 1945–1955'', luidt de ondertitel
van dit imposante, solied uitgegeven boek. Wie alleen maar de ruim 5 blz.

tellende inhoudsopgave doorleest, zal begrijpen, dat het niet mogelijk is van deze grote verscheidenheid een bespreking, zelfs geen opsomming te geven. Maar hij zal evenzeer overtuigd zijn, dat hier een hoogst belangrijke bron voor de vaderlandse kerkgeschiedenis toegankelijk is gemaakt; bij het vele belangrijke werk, dat in genoemde jaren door en namens de Synode is verricht, telt zeker niet in de laatste plaats deze gave aan de beoefenaars der geschiedenis onzer vaderlandse kerk, nu en in de toekomst. Zonder deze uitgave zouden vele gegevens der recente kerkgeschiedenis, weliswaar niet onbereikbaar, maar toch moeilijk te achterhalen zijn. En nu de Kerk meer en meer haar plaats gaat innemen in ,,de wereld'', zal er te meer behoefte komen om het woord te horen, dat de Kerk tot die wereld richt. Vandaar de dubbele bedoeling, waarmee volgens het ,,Ter Inleiding'', deze publicatie wordt aangeboden: een belangrijk stuk verleden van een van de meest bewogen perioden van de Kerk en van ons volk te conserveren, èn een getuigenis van wat de Kerk als haar taak nbegrijpt, ter lezing en overdenking aan te bieden. Hulde aan hen, die dit ondernamen!

Een voortreffelijk register besluit het boek – Vreemd is, dat nergens in het werk een jaar van uitgave te vinden is, al kan men het wel raden.

L.

D i e M a t r i k e l der Universität Basel. Im Auftrage der Univerversität Basel heraug. v. Hans Georg Wackernagel unter Mitarbeit v. Marc Sieber u. Hans Sutter. II. Bd 1532/33 – 1600/01. – Verlag der Universitätsbibliothek, Basel, 1956. XXVI en 634 blz.

Het eerste deel van deze uitgave, in 1950 verschenen (doch ons niet toegezonden) omvatte de jaren van 1460–1529. Dit tweede deel wekt onze zeer grote bewondering. Het is perfect bewerkt en biedt bij alle namen van ingeschrevenen in zo kort mogelijke vorm de noodzakelijkste gegevens over zijn leven en de beste bronnen of litteratuur daarvoor. Wanneer men de ontelbare namen overziet en daarbij bedenkt, dat een groot percentage van hen vreemdelingen zijn, dan kan men zo ongeveer schatten, welk een zelfverloochenende arbeid de uitgevers hebben moeten verrichten en kan men hen slechts complimenteren, dat er niet meer dan 6 jaren tussen het eerste en het tweede deel liggen. Zij hebben zich de hulp weten te verzekeren van een groot aantal deskundige inlichtingengevers in tal van landen. De organisatie, die tot dit fraaie resultaat heeft geleid, moet wel uitstekend zijn geweest. Het is natuurlijk verleidelijk om enkele namen van Nederlanders, die te Basel in de genoemde fel bewogen jaren hebben gestudeerd, te noemen; men bladert niet zonder vrucht in dit boek, zodra men het opent. Hoe willekeurig dan ook, ik noem Bonaventura Vulcanius, de latere Leidse Graecus, 1575/76 no. 64; Amelis a Rosendael, jurist uit Gouda, 1576/77 no. 91, die er tegelijk was met Thomas Cartwright, de latere puritein, die Genève al achter de rug had, lang te Antwerpen en Middelburg predikant is geweest en vervolgens naar zijn vaderland terugkeerde. Eberhard Bronckhorst uit Deventer, 1579/80 no. 7, de latere prof. iuris te Leiden; Petrus Cornelisz Brederode uit Den Haag, 1589/90, no. 17, onze latere gezant bij de Evangelische kantons; Eberhard Alting uit

Groningen, die er gelijk was met Suffridus Hania, beiden uit ons Noorden, 1590/91 no 20 en 24, de laatste later raadsheer in het Hof van Holland. Andere figuren: 1582/83 no 68 Arminius en 1598/99 no 58 de latere Remonstrant Theophilus Rijckewaert. In 1568/69 no 7 de bekende Pierre de la Ramée of Ramus en in 1580/81 no 157 Théophile Banos, die zijn werken zou uitgeven en in de Franse vluchtelingengemeente te Frankfort een tijdlang predikant werd. In 1534 werd Andreas Karlstadt te Basel professor in het O.T. en 1537/38 vindt men hem reeds als rector. John Foxe, de bekende auteur van het Engelse martelaarsboek was er 1555/56 onder no 5 als exul, die niets betaalde, ingeschreven. Op één blz. van het jaar 1545/46 vindt men bijeen: Castellio, Ulrich Zwingli jr en Jos. Simler, de latere professor te Zürich. Van de jonge Ulrich wordt verteld, dat de Duitsers te Basel hem om zijn vader en diens leer hoonden en dat de overheid . . . . Zwingli verzocht zich stil te houden om de schade, die de universiteit anders misschien wegens vertrek of boosheid der Duitsers lijden zou! Ook toen al! In 1577/78 werd zijn zoon Ulrich, kleinzoon dus van de Hervormer, ingeschreven, die nog heel kort prof. in het N.T. te Zürich zou zijn.

Er zijn twee registers aan het werk toegevoegd totaal 105 blz. in twee kolommen en wel een personen- en een plaatsen- of landenregister. Zo heeft men twee hulpmiddelen om namen te vinden en tevens om een geographisch beeld te vinden van de samenstelling der studentenwereld te Basel. Ook deze registers zijn met de meeste zorgvuldigheid bewerkt en maken het prachtige deel door een bijzondere bruikbaarheid dubbel kostbaar. Wij menen, dat op het gebied van matrikel-uitgave in dit werk van Wackernagel wel het maximum is bereikt. Ook druk en papier zijn voortreffelijk.   B.v.D.B.

G ü n t h e r   F r a n z, Bücherkunde zur Weltgeschichte vom Untergang des Römischen Weltreiches bis zur Gegenwart. – R. Oldenbourg Verlag, München 1956. XXIV, 544 blz. met reg. Geb. DM 64.—.

Deze encyclopaedische bibliographie der geschiedenis is de eerste nieuwe, die na de grote oorlog gevolgd is op de Amerikaanse Guide to Historical Literature van 1931, terwijl zijn Duitse voorganger, de Quellenkunde zur Weltgeschichte, door Paul Herre, zelfs van 1910 dateert. Het thans voor ons liggende reuzenwerk is door Prof. Franz-Marburg met de medewerking van 22 andere geleerden tot stand gebracht en heeft de grote verdienste tot op onze eigen tijd (1945), met zijn onnoemelijk toegenomen historische litteratuur, een betrouwbare wegwijzer te zijn. De opzet van deze Bücherkunde komt overeen met die der Bücherkunde zur deutschen Geschichte, eveneens door Franz bewerkt en bij dezelfde uitgever verschenen; beide houden zich aan het systeem Dahlmann-Waitz. Voor de overzichtelijkheid zijn hier de afzonderlijke landen elk voor zich behandeld en op zich zelf zakelijk en chronologisch geordend. Dit is o.i. veel beter dan wanneer men getracht had er één wereldhistorisch, systematisch geheel van te maken, hetgeen zeker weinig kans van slagen gehad zou hebben. Thans kan men door middel van duidelijke verwijzingen de delen toch samenhangend overzien. De uitgeverij Oldenbourg, aan wie even grote dank voor de tot standkoming van dit werk toekomt als aan de bewerkers, meldt nog, dat er nu een viertal van dergelijke uitgaven beschikbaar zijn, nl., behalve de twee genoemde, ook het Biographisches Wörterbuch zur deutschen Geschichte en het Sachwörterbuch zur deutschen Geschichte, alle onder redactie van Franz, het laatste mede van de hoogleraren Rössler en Hoppe. Wij vinden het hier te bespreken werk een fraaie bekroning der serie. Men schat de inhoud zo ongeveer als men ziet, dat het 6976 nummers bevat, waarvan de meeste meer dan één, soms vele titels bevatten; het naamregister beslaat 60 blz., in drie kolommen plus nog drie blz. namen van landen, steden en volken. Het deel Nederland, samen met België en Luxemburg, is bewerkt door Prof. Franz Petri te Münster en omvat de blz. 79-116, zijnde 428 nummers, waarbij men dan heel wat verzamelwerken, series enz. ontmoet. De indeling is A. Algemene hulpmiddelen, B. Hulpwetenschappen: archieven, bibliotheken, musea; land en bewoning; bevolking; taal; schrift, boekdruk, couranten; oorkonden; tijdrekening; zegel- en wapenkunde; munten; genealogie. C. Volkswezen en volkscultuur; Kerk; recht, staat en regering; economie; enz. enz. D. alg. geschiedenis, met afzonderlijke bronnenopgave; E. perioden der geschiedenis (tot 1384, tot 1555, de 80-jarige oorlog; Z. en N. Nederland tot de revolutie; tot 1945. Dit om een indruk te geven van de structuur der bewerking, die trouwens niet voor alle gebieden letterlijk dezelfde is. Voor het eigen land zal men het boek natuurlijk steeds beknopt vinden, voor andere landen bevredigender, maar men moet het o.i. in alle gevallen als een gids tot, niet als een volledige index van de gehele litteratuur beschouwen. Er zijn wel enkele opmerkingen te maken. In het alg. gedeelte ontbreken de beide delen De godsdiensten der wereld van Van der Leeuw-Bleeker, die zeker naast de wèl vermelde verzamelwerken verdienden genoemd te zijn, al zijn ze dan in het Nederlands geschreven. Ook ontbreekt merkwaardigerwijze het grote handboek de kerkgeschiedenis van Ficker en Hermelink. Naast Lietzmann's Geschichte der alten Kirche had onder no 222 Harnack, Die Mission und Ausbreitung des Christentums in den ersten drei Jahrh. niet vergeten mogen zijn; het is door Lietzmann of wie anders ook niet overbodig gemaakt. Wat Nederland betreft: naast Kühler worden over de Doopsgezinden noch Van der Meulen (1947) noch Van der Zijpp (1952) vermeld, evenmin Van Aken over de Remonstranten. Ook ontbreekt W. Martin onder no 1421 naast Friedländer, Coremans en Bode. Bij de Ned. bronnen voor de K.gesch. hadden Reitsma en Van Veen, Knuttel en de Bibl. reformatoria neerlandica genoemd kunnen zijn. De Werken der Marnix Vereeniging horen onder no 1554, dat aan Marnix' biographie gewijd is, natuurlijk niet thuis. Van Hyma, Renaissance to Reformation, no 1346, had de nieuwe druk van 1951 vermeld dienen te zijn. Verder zouden de samenstellers er voor het vervolg goed aan doen, hun aandacht te geven aan de geschiedenis van de Bijbelvertalingen vnl. der 16de eeuw en later, in alle landen, die niet alleen een integrerend deel van de Hervormingsgeschiedenis uitmaakt, maar ook voor de taalgeschiedenis zo belangrijk is; men zie om te beginnen Bibelübersetzungen in PRE Bd 3, en veel nieuws daarna. Een structureel bezwaar acht ik, dat men de biographie van Calvijn onder Frankrijk vindt, no. 2847, maar de opera Calvini onder Zwitserland, no 1224. Onder dit land ontbreekt het tijdschrift Zwingliana, dat zeker vermeld had kunnen worden. Men treft hier en daar drukfouten aan: 1245 Relationi, lees Relazioni; 1595 Van Leuwen, lees Van Leeuwen; 3337 Pollok, lees Pollock; 200: Religion and Ethiks, lees

Ethics. Wij maken deze opmerkingen niet om critiek te leveren, alleen uit belangstelling. Het zou wel een onbestaanbaarheid geacht moeten worden, dat iemand géén opmerkingen had ten aanzien van een dergelijk werk, een dergelijk waagstuk, mag men wel zeggen. Wij eindigen dan ook eenvoudig met er onze oprechte dank voor uit te spreken. Wie zich de aanschaf kan permitteren, zal er veel genoegen van hebben.

B.v.d.B.

J o h a n n H i n r i c h W i c h e r n, Ausgewählte Schriften, Bd 1, Schriften zur sozialen Frage. Herausgegeben von Karl Janssen. – Carl Bertelsmann Verlag, Gütersloh, 1956. 296 blz. Geb. DM 19.80.

De uitgever van Wicherns werken verklaart, dat Wichern tegenwoordig een soort herontdekking beleeft. Vele studies zijn en worden hem gewijd, door theologen en niet-theologen, maar zijn werken zijn niet gemakkelijk te verkrijgen, behalve de beroemde Denkschrift an die Deutsche Nation van 1848, die in 1948 opnieuw uitgegeven is. Maar er is zoveel meer. Wij voor ons delen volkomen in het oordeel, dat trouwens in het Handboek der Kerkgeschiedenis, dl. II blz. 293 te vinden is, dat Wichern nog steeds als de voornaamste, meest doordachte en diepgaande, merkwaardigerwijze in zijn principes ook nauwelijks verouderde theoretische en practische grondlegger van de Innere Mission is te beschouwen, van wie heel het kerkelijke zowel als het maatschappelijke sociale werk ook van onze tijd nog altijd onnoemelijk veel leren kan. En wij zijn het ook geheel eens, dat een herdruk van zijn voornaamste werken – het geheel is zeer omvangrijk – bijzonder gewenst moet heten; particulieren zowel als bibliotheken in ons land althans zijn uiterst slecht voorzien van de uitgave van 1902–06 en van de biographie door M. Gerhardt in 3 dln, 1929–31. Het lijkt wel of deze periode nog niet tot de klassieke kerkgeschiedenis behoort. Het wordt hoog tijd, dat men hier dan anders over leert denken: Wichern is een van de grootste klassieken van het sociale Protestantisme der 19de eeuw – zij het dan ook, dat zelfs bekende Roomse auteurs deze voorman, ontginner en meester soms niet eens blijken te kennen. Wij hebben dan thans gelukkig het eerste deel ener nieuwe uitgave, die wetenschappelijk verantwoord is, vóór ons en het ziet er voortreffelijk uit; opzet en uitvoering, ook drukwerk en band verdienen de hoogste lof. De inleiding over Wicherns Leben und Wirken is uitstekend en voldoet aan alle eisen. In dit eerste deel zijn vnl. de geschriften bijeengebracht, die aan de Denkschrift voorafgaan, daaronder de even beroemde Rede auf dem Wittenberger Kirchentag van 1848. Niet alleen kerkelijke en maatschappelijke sociale arbeiders zullen dit alles gaarne en met vrucht lezen, ik zou Wichern ook tot de verplichte lectuur – als zo iets maar bestond aan onze universiteiten en op het seminarium – voor theologische studenten willen rekenen. De gehele opzet van zijn beste geschriften is leerzaam, de gedachtengang treffend, de zegswijze welsprekend, zoals alleen het geval kan zijn bij hen, die waarlijk vervuld zijn van een roeping en deze eerlijk en met overgave volgen. Niet zonder innerlijk bewogen te worden herleest men heden ten dage zijn stuk: Kommunismus und die Hülfe gegen ihn, waarin hij zich uitsprak over de revolutie van 1848. Hij onderscheidt daarin tussen de communistische proletariër van onder-op in al zijn ruwheid en het meer subtiele communisme ,,des Proletariers der Bildung, gereift in dem Ingrimm des Geizes nach der Ehre, Herrsucht, Volksgunst. Er bewegt sich instinktmässig in der boshaften, kaltblütigen, volkommem herzlosen Vernichtung der Ehre und des guten Namens aller derjenigen Personen und Verhältnisse, an welche sich nach seiner Meinung die Erhaltung und das Recht des Bestehenden knüpft". Wat is hier nog te doen? . . . ,,erwarte man von uns keine weitere Antwort, wie der zuletzt gezeichnete raffinierte Kommunismus zu überwinden und wie das ihm angehörende meist literarische Proletariat (het is midden 19de eeuw!) zu erretten sein mag. Ein Ehrenkampf gegen dies Geschlecht ist kaum mehr möglich, denn es kämpft nicht mehr mit ehrlichen Waffen". Hoe is deze fundamentele visie, uit die eerste tijd reeds, bewaarheid. En dan te lezen, wat Wichern hier van de Christenheid vraagt. Men kan het slechts met vernieuwde beschaamdheid ondergaan. Mogen deze werken in ontelbare handen komen!

B.V.D.B.

Robert M. Kingdon, Geneva and the Coming of the Wars of Religion in France, 1555–1563. – Librairie E. Droz, Genève 1956. 162 p., Fr. s. 22.—.

Het grote aandeel, dat Genève gehad heeft in de voorbereiding en het eerste stadium van de Hugenoten-oorlog, was natuurlijk niet onbekend, maar toch hing daarover tot nu toe een sluier, die mede het gevolg was van het feit dat de ideologische, politieke en militaire activiteiten van Genève in Frankrijk zich uiteraard zoveel mogelijk in het geheim voltrokken. De schrijver, werkzaam aan de Universiteit van Massachusetts, is er in geslaagd een groot deel van deze sluier op te lichten door zijn belangwekkende studie, die hij niet alleen geput heeft uit de omvangrijke literatuur en gepubliceerde bronnen, maar vooral uit Zwitsers archiefmateriaal, met name uit de ,,Registres de la Compagnie des Pasteurs de Genève". Daarin zijn o.m. gegevens te vinden omtrent 88 predikanten, die in de jaren 1555–1563 door Genève naar Frankrijk zijn uitgezonden. De archieven vertonen lacunes, het beeld is dus niet volledig en zal zeker nog uit ander archiefmateriaal kunnen worden aangevuld. Maar de vele détails die de schrijver heeft opgediept en met kennis van zaken in onderling verband gebracht, bieden tezamen toch een goed inzicht in de enorme betekenis, welke Genève voor de opstand in Frankrijk heeft gehad.

Het eerste deel van het boek is gewijd aan de maatschappelijke achtergronden van de 88 predikanten, hun opleiding, plaatsing en hun blijvende band met Genève. Het waren merendeels Fransen; een aanzienlijk deel van hen kwam voort uit de adel en de gegoede burgerstand, enkelen uit de handwerkstand. Zij hadden gestudeerd in Genève of Lausanne en waren vóór hun uitzending naar Frankrijk gewoonlijk eerst een tijdlang predikant geweest in Zwitserland. Wij vernemen een en ander over studiebeurzen, die voor hen beschikbaar waren, over het examen waaraan zij werden onderworpen en over de geloofsbrieven die zij meekregen voor de Franse gemeenten. Van enige ordinatie is nergens sprake. Hun werd, dikwijls op verzoek van bepaalde gemeenten, een bestemming aangewezen en zij reisden in het diepste geheim, niet zelden onder een schuilnaam, daarheen. De ,,Compagnie des Pasteurs'' te Genève regelde al deze zaken, behield een zekere contrôle op de uitgezondenen en stond ook overigens de gemeenten in Frankrijk met schriftelijke adviezen ten dienste.

In het tweede deel wordt de politieke werkzaamheid van de predikanten en hun medewerkers beschreven. Zij bestond allereerst in het winnen van de adel voor de zaak der hervormden. Ook ontplooiden sommigen hunner gewichtige diplomatieke activiteit. Inzake incidentele revolten en samenzweringen, als die van Amboise (1560), was de Compagnie des Pasteurs verdeeld. Beza en Morel waren er voor, maar Calvijn verzette zich er tegen, niet slechts omdat hij er geen heil in zag, doch vooral omdat hij het recht tot opstand uitsluitend toekende aan de hoogste prinsen van den bloede, de Bourbons. Toen dan ook in 1562 Condé het sein tot de opstand gaf, heeft Calvijn hem gesteund (p. 69). Zijn formalistische opvatting van de wettigheid van een opstand heeft voor Calvijn altijd zwaarder gewogen dan zijn practisch-politieke inzicht in de kansen van succes of nederlaag, meer dan de schrijver het doet voorkomen (p. 111 f.). De ,,Compagnie des Pasteurs'' en de Raad van Genève hebben, soms aarzelend en met bedenkingen en zoveel mogelijk onder de schijn van afzijdigheid, belangrijke morele, diplomatieke en tot op zekere hoogte ook financiële en militaire steun aan de Hugenoten-opstand verleend. Van de uitgezonden predikanten hebben sommigen hun geestelijke en politieke deelname aan de strijd met hun leven moeten betalen. De stroom van boeken en pamfletten, die in die jaren van de Geneefse drukpersen kwam, heeft aanzienlijke invloed uitgeoefend. Dit alles weet de schrijver ons op boeiende wijze voor ogen te stellen en hij geeft kleur aan zijn relaas door tal van interessante bijzonderheden, welke wij hier onmogelijk kunnen releveren, maar die het boek bijzonder instructief en de lezing ervan aanbevelenswaardig maken. Hier en daar laat hij zijn blik ook gaan over gebieden buiten Frankrijk, waar Geneefse afgezanten werkzaam waren, o.m. in Engeland, Schotland, Italië en de Nederlanden. Deze zeer korte en ook weinig gedocumenteerde mededelingen, die, althans wat Nederland (Marnix) betreft, ook niet geheel juist zijn en bovendien buiten het bestek van zijn boek vallen, had hij gevoegelijk achterwege kunnen laten.

Het boek is fraai uitgegeven. Alleen is het lettertype wat klein in verhouding tot de brede bladspiegel, hetgeen het lezen enigszins bemoeilijkt.

Groningen. W. F. DANKBAAR

Ontvangen:

A n a l e c t a Vaticano-Belgica, 2e série, sect. C: Nonciature de Bruxelles I, Correspondance du Nonce Fornari 1838–1893, par A. Simon, Institut Historique Belge de Rome, 1956.

A r c h i e f voor het Aartsbisdom Utrecht, deel 73, afl. 2, 3, 1954/55.

B i b l i o t h è q u e de l'Institut Historique Belge de Rome, fasc. VII, Giovanni-Francesco Guidi di Bagno, Nuntius te Brussel (1621–1627), Enige aspecten van zijn opdracht en van zijn persoonlijkheid, Bruxelles/Rome 1956.

B ij d r a g e n, tijdschrift voor philosofie en theologie, dl. XVII, afl. 3, 4, 1956.

C h u r c h Service Society, the Annual, may 1956.

Commission de l'histoire des Eglises Wallonnes, Bulletin 1955, Leyde 1955.
Etudes Théologiques et Religieuses, XXXI année, no. 1, 1956.
Historical Abstracts Bulletin, vol. 2, no. 1, 2/3, March, Sept. 1956.
Scottish Journal of Theology, vol. 9, no. 3. September 1956.
Société de l'Histoire du Protestantisme français, Bulletin CIIe année, juillet-septembre 1956.
K. Barth, Christ and Adam. Man and Humanity in Romans 5. Transl. by T. A. Smail. Scottish Journal of Theology, Occasional Papers to 5. Prijs 6/net.
Analecta Bollandiana, fom LXXIV, fasc. I - II, Bruxelles 1956.
Dr, J. Lindeboom, Wat en hoe? kleine wenken voor productief-wetenschappelijke Arbeid, Assen 1956.

BERICHT

KERKHISTORISCH GEZELSCHAP

Op 7 januari 1957 vergaderde het Kerkhistorisch Gezelschap weder te Amsterdam. De eerste lezing werd gehouden door Mejuffrouw Dr Elisabeth Kluit onder de titel ,,Hoe nu verder met de studie van het Réveil?'' De eerste hoofdvraag, die ter beantwoording voorgelegd werd, gold de oorspron-gen van het Réveil in binnen- en buitenland, Da Costa en zijn Bezwaren tegen de geest der eeuw ten onzent, en Empeytaz in Zwitserland. De tweede was nog meer samengesteld en betrof de geestelijke houding van tal van figuren, die spreekster uit de rijke schatten van het ook nu nog steeds groeiende Réveil-Archief, kon toelichten. De discussie liep voornamelijk over de vraag van de aansluiting van het Réveil aan vanouds in Nederland bestaande geestesrichtingen, welke aansluiting in het algemeen betwijfeld werd. De nieuwheid van het Réveil werd erkend, terwijl er ook bijzondere belangstelling bleek te zijn voor de maatschappelijke verbreiding ervan. Des namiddags sprak Dr G. P. Scheers over J. J. van Toorenenbergen, zijn houding tegenover de kerkelijke stromingen van zijn tijd en zijn werk als hoogleraar in de kerkgeschiedenis te Amsterdam (1880–1892). Als zodanig gaf hij de werken van Marnix van St. Aldegonde uit en werkte met Kuyper samen in de publicaties der Marnix Vereniging. Hij wendde zich echter reeds voor de stichting der V.U. van Kuyper af. De spreker tekende Van Tooren-enbergen als een figuur niet van de tweede rang maar wel van het tweede plan. De vergadering droeg een geanimeerd karakter en werd door 30 leden be-zocht; 4 nieuwe leden werden benoemd.

Het **Nederlands Archief** voor **Kerkgeschiedenis** verschijnt op onbepaalde tijden in afleveringen van ongeveer 4 vel druks. Vier afleveringen vormen een deel. Prijs per deel *f* 15.75.

Stukken ter plaatsing, alsmede boeken ter recensie, worden ingewacht bij de secretaris der redactie *Prof. Dr J. N. Bakhuizen van den Brink, Rapenburg 40 te Leiden.* Voor alle zaken de uitgave betreffende, wende men zich tot de firma *Martinus Nijhoff* te 's-Gravenhage.

Van stukken worden steeds een proef en een revisie gezonden. Men wordt verzocht de proef of de revisie, die afgedrukt kan worden, onmiddellijk te doen toekomen aan de secretaris der redactie. Ter vermijding van onnodige correctiekosten wordt men verzocht de stukken in duidelijk leesbaar, zo mogelijk schrijfmachineschrift, in te zenden op aan één zijde beschreven papier.

De schrijvers ontvangen 25 overdrukken.

Voor studenten in de godgeleerdheid zijn abonnementen beschikbaar met een reductie van 50 pCt. op de prijs. Zij wenden zich hiervoor tot een der redacteuren.

The manufacturer's authorised representative in the EU is Springer
Nature Customer Service Centre GmbH, Europaplatz 3, 69115 Heidelberg,
Germany. If you have any concerns regarding our products, please
contact ProductSafety@springernature.com

Printed and bound by CPI Group (UK) Ltd, Croydon, CR0 4YY
05/05/2026
02102802-0001